中経の文庫

仕事も人間関係も

「すべて面倒くさい」と思ったとき読む本

石原加受子

KADOKAWA

はじめに

最近こんな相談が日ごとに増えています。

「身体がだるくて、やらなければならないとわかっていても、できないんです」

「落ち込みが激しくて、何も手につかず、毎日、イライラしてばかりいます」

「私、自分でもうつっぽいと思うのですが、何をやっていても楽しいと感じないんですね」

そうしながらも、

「ああ、また、何もしないで一日が終わってしまった」

と後悔しては、自分を責めたりしています。

そんな人に、

「心が疲れているのですから、眠たいときは眠り、休みたいときは気持ちよく休むというように、自分の気持ちや欲求を大事にしてほしいですね」

とアドバイスしたとしても、こういった答えが返ってきます。

「でも、寝てばっかりいると、こんなことしていていいんだろうかって、よけい焦ってしまうんです」

もしこんなことがあなたに当てはまるとしたら、あなたはすでに「なかなかやる気が起こらない。何をするにも面倒くさい」という状態に陥っているかもしれません。

そんなあなたは、自分の欲求や願望を満たすことを、自分に許していないのではないでしょうか。例えばあなたは今日、食事のとき、何を食べましたか。そして、それはどんな味でしたか。もしあなたが〝感情や欲求を感じること〟に焦点が当たっていれば、食事をとっているとき、

「あ、これは美味しいなあ。これは、ちょっとまずいなあ」

などと、その味を感じることができるでしょう。

食べ終わったら、「ああ、満足、満足」と満ち足りた気分になっている自分に気づくこともできるでしょう。

ところで、そもそもあなたは食事をするとき、「おなかが空いたなあ。食べたいなあ」という欲求を感じていたでしょうか。それとも食事をする時間だからと考えて〝自動的に〟食事をとったのでしょうか。

もしあなたが、こんな問いに首をかしげてしまうとしたら、五感や感情の〝気持ちよさを感じる〟ことを忘れてしまっているかもしれません。

もしあなたの心に、

「私はこれが〝したい〟ので、しよう。これは、〝したくない〟からしない」

こんな自由があれば、どちらを選択しても、あなたは「自分の欲求を叶えてあげてよかった」になるでしょう。あなたが「何もする気が起こらない。何をやっても面倒くさい」という状態になっているのは、自分がそんな欲求や願望をもつことや、自分の感情を基準にして自由に選択することを、自分に認めていないからだと言えるでしょう。

あなたにとって最も大事なのは、そんな自分の素直な感情や欲求や自由をとり戻すことではないでしょうか。

何もする気が起こらない。何をやっても面倒くさい。そんな状態になっているあなたに、本書が役立つことを心から願っています。

石原加受子

仕事も人間関係も「すべて面倒くさい」と思ったとき読む本——＊もくじ

第1章
「面倒くさい」のサインに気づく
はじめの一歩

第2章

仕事に潜む「面倒くさい」
「怠けてはいけない病」から脱出する

第3章

人間関係に潜む「面倒くさい」

「私はダメな人間症候群」にサヨナラする

第4章

生きるのも「面倒くさい」と思ったら……

「自分を許してあげる」ことからはじめよう

第5章

楽に生きたいあなたへ……

「そのままの自分を愛する」小さなレッスン

第6章

「面倒くさい」にサヨナラする

あなたを救う「ありがとう」のレッスン

本文デザイン　新田由起子（ムーブ）
本文イラスト　高村あゆみ

第1章

はじめの一歩

「面倒くさい」のサインに気づく

01

「何もかもしたくなる」気分の正体がわかった！

●心は、ついつい無理しすぎる

身体の疲れは風邪をひけば熱が出たり、咳や鼻水が出たりしてつらくなるので、「今日は、一日、何もしないで寝ていたほうがいいな」などと判断して決めることができます。

けれども、**心の疲れは、風邪や肉体的疾患のようには形にあらわれないために、ついつい無視をして無理を重ねがちです。**

それにまた、どんなに心に疲れが積もっていても、

「まだ大丈夫だ」

「やればできる」

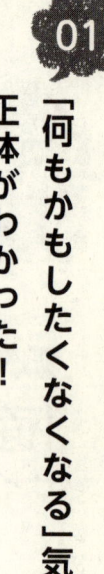

などと自分を叱咤《しった》したり、

「どうしても、これは最後までしなければならない」

「これをやり遂げるまでは、頑張らなければならない」

などと自分に号令をかければ、まだやれそうな気がしてしまうため、ついつい頑張ってしまうのではないでしょうか。

けれどもそうやって頑張っているうちに、だんだん心の疲れが積もっていけば、

「もうイヤだ。もうダメだ。何も考えたくない」

という気持ちになるでしょう。さらに「何もかも面倒くさい」という状態になっていくとしたら、それは「うつっぽくなっているサイン」だといえるでしょう。

●感情を殺してしまう〝くせ者〟とは？

この「まだ、やれそうな気がする」というのがくせ者です。

ほんとうのあなたは心の疲れが積もっていて〝休憩したい〟と切に願っています。

にもかかわらず、どうしてあなたは、自分のそんな願いを無視して、ギリギリになる

まで頑張って自分を追い詰めてしまうのでしょうか。

それは、**自分の〝休憩したい〟という気持ちを、あなたが〝思考〟で覆したり否定したりする、というのが大きな理由の一つ**です。

疲れたので〝休みたい〟というのは、あなたの正直な気持ちや感情です。つまり、あなたの感情レベルでの欲求です。

他方、「まだ大丈夫だ。最後の仕上げまで頑張ろう」というのは、〝思考〟です。

「休みたい」という欲求をもっていても、あなたが「でも、頑張ろう」という言葉を自分に投げかければ、その言葉によって「なんとなくやれそう」な気がしてしまいます。

けれどもそれは、あなたの欲求を、思考や言葉で覆したために、そんな気分になったにすぎません。

「疲れていてやりたくないけれども、もう少しだから、やってしまおう」
「みんなにさぼっていると思われたくないので、やめられない」
「ほんとうは断りたいけど、仕事ができないやつと思われたくないので引き受けよう」
などと〝思考〟で自分のほんとうの気持ちをごまかしてしまうのです。

本当は休みたいのに……

つまりこれは「感情」と「思考」が戦っていて、かろうじて思考が感情をねじ伏せている状態だといえるでしょう。

●「感情」と「思考」の違いに気づく、それが第一歩

ところが実際のところ、「何もかもいやになって、放り出してしまいたい」という状態になるまで自分を追い詰めてしまう人は、**「自分の気持ちや感情」と、「自分の思考」の違いにすら気づいていない場合がほとんどです。**

心に疲れが積もってくれば、「元気が出ない。やる気が失せる。集中力がなくなる。興味がもてない」という状態になっていきます。

ですから、

「やらなければならないと思うのだけれども、なかなか身体が動かない」

という兆候があらわれはじめたときは、すでに心の疲れはかなり蓄積してしまっていると思ってください。

しかし自分の気持ちや感情に気づかない人は、そんな兆候を無視して、さらに思考

で「まだやれる」「もう少し」などと自分にハッパをかけたり、

「こんなことで弱音を吐いてどうするんだ」

「そんな弱気でどうするんだ。もっと強くならなければダメじゃないか」

などと、自分を責めて無理に自分を動かそうとします。

さらにその中に焦りが加算されると、

「早く、元の状態に戻さなければならない」

「こんな悠長なことをしていたら、何もできなくなってしまう」

などと、焦りを誘発するような言葉を無自覚に連発しているに違いありません。

02

「感情と思考の複合作用」で心の疲れが積もっていく

「どうしたらいいんだろう」とつぶやいてしまったら要注意

あなたはいまの気分を、本物だと思い込んでいませんか。

自分の気分が沈んでいたり、やる気がなかったり、すべてを投げ出したい気分になっているとしたら、

「自分の感情がこうなっているのだから、本物も何も、疑いようがないじゃないか」

あなたはそう思うかも知れません。

けれども、気分や感情は、さまざまな要因で生まれます。

最も関係が深いのは、言うまでもなく〝思考〟です。

〝感情〟と〝思考〟という点においては、焦りを誘発するような言葉を連発するから

焦りが生じるのか、焦りがあるから〝焦りの言葉〟を引き出すのか、「卵が先か鶏が先か」論のようにどちらが先かはわかりません。それほどまでに感情と思考は密接に関係しています。

いずれにしても、焦りに限らずすべての感情において、いまあなたがそんなつらい状態になっているのは「感情と思考の複合作用」であるということを、頭に置いておいたほうがいいでしょう。

「思考と感情」の相互作用とその連鎖が、マイナス感情をつくり出しています。

例えばほんのちょっと、今日のあなたはやる気をなくしています。

このときあなたは「マイナス気分」になっています。

こんな気分で思考をはじめると、

「ああ、やる気がないなあ。この前もそうだったよなあ。またかあ、つらいなあ。あ〜あ、どうすればいいのだろうか……」

などと、あなたは無意識に「マイナスの言葉」をつぶやいてしまうでしょう。

しかも、「どうすればいいだろう」と言いながらも、それは自動的にそんな言葉を発しているだけで、気分は「もう、どうしようもない」というふうに最初から諦めています。

言葉では「どうしたらいいのだろうか」と言いつつも、それは、

「どうにもならないんだから、諦めるしかないじゃないか」

ということを、自分にインプットしているようなものです。

●どんどん絶望的な気持ちになるとき

もちろん、そんな気分を基準にして思考に思考を重ねていけば、思考のベースが否定的な意識からスタートするので、次から次へと悲観的・否定的な思考が浮かんでくるでしょう。こんな「思考と感情」の連鎖を繰り返していれば、どんどん絶望的な気持ちに囚《とら》われていくのは当たり前ではないでしょうか。

こんな状態になっている人に、

「最近、つらいと思ったのは、どういったときでしたか？　何がありましたか？」

と私が尋ねると、

「何もかも、嫌になってしまいます」

「どうしたらいいのだろう？」と考えているようで……

だいたい、こんな答えが返ってきます。

私がこんなふうに問うのは、相談者がいま、どんな意識状態になっているかを知るためです。もちろん、悩みが大きい人ほど、こんなふうに「何もかも」「いつも」「すべて」などといった言葉が飛び出します。

こんな見方そのものが、〝**思考に囚われている**〟というしるしなのです。

ですから、もしあなたも同じような答え方をしてしまうとしたら、すでにあなたも思考に囚われていると思って間違いありません。

●「気づく」だけ、それだけで楽になる

しかも、思考に囚われていると、その思考によって生まれる感情に支配されてしまうので、いっそう「思考と感情」の糸に絡まっていってしまうでしょう。

その苦しさから逃れたいために、

「もう、この頭をとってしまいたいんです」

と訴える人がいたり、

「すべてを投げ出してしまえたら、どんなに楽だろうかと思います」などと「生きていたくない」ことをほのめかす人もいます。

こんなとき、心に疲れが積もって何もする気が起こらない、何もかもすべてを投げ出したいような気持ちになってしまうのは、実は、**「感情と思考の複合作用」**の結果なのだということを〝情報として〟知っているだけでも、

「ああ、そうかあ。自分の思考が、こんな気分を誘発しているのか。だったら、自分の否定的な思考に気づいていて、それを修正していけばいいんだな」

と、少し光明が差してくるような気がするのではないでしょうか。

03

いま感じている自分の気持ちを本物だと勘違いしていませんか？

●何気なくつぶやいている言葉にヒントがある

あなたはこれまで、「考えるのすら面倒くさい」「何もかもいやになってしまった」「生きているのがつらい」という気持ちになっているとき、自分のそんな気持ちを「本物だ」と信じて疑わなかったのではないでしょうか。

でも、あなたは**「思考が感情をつくる」**という情報を得ました。そこで「思考が感情をつくる」ということを実際に体験してみましょう。

「何をやっても楽しくない。こんなことをしてて、いいんだろうか。こんな状態がいつまで続くんだろうか。このままの状態がずっと続いていけば、将来、どうなっていくんだろうか。いまはまだ家族がいるので怖くないけれども、もし親が死んでしまったら、独りで生きていけるんだろうか」

読むだけで、気分が滅入《めい》ってきませんか。

この文章を読む前からすでに気分が落ち込んでいた人は、いっそう滅入ってしまったかもしれません。

もしあなたがそんな人たちの一人だったらなおさらです。

あなたがふさぎ込むような気分になったのは、この文章を読んだからですね。

では、次の文章を読んでみましょう。

「今日は、頭が疲れているから、何もしないでゆっくり過ごそう。一日、自分のしたいように自由に過ごせたら、気持ちがいいだろうなあ。たっぷり寝て、起きたいときに起きよう。食事も、好きな時間に好きな物を食べよう。昼間にゆっくりお風呂に入るのもいいなあ」

読んでみて、どんな気持ちになりましたか。

自分の使う言葉だけで「こんなにも差が出てくるものなんだ」ということに気づいたのではないでしょうか。

この〝自覚〟は非常に重要です。

普段私たちは、何気なく言葉をつぶやいています。

思考の仕方や言葉の使い方には癖があります。

否定的な言葉をつぶやけば、否定的な気分になります。

肯定的な言葉をつぶやけば、肯定的な気分になります。

自分がどんな言葉をつぶやいているかに気づかないと、思考や言葉でそんな気分を〝つくり出している〟ということすらわからないのです。

●「気になってしまうこと」への対処法

こんな話をすると、

「そうですか。じゃあ、気にしなければいいんですね」

と即答する人がいます。

「考えなければいいんですね」

という言葉が返ってきたりもします。

もし自分の口からこんな返答が〝すぐに〟飛び出してしまうとしたら、思考に囚われている分量が多いと判断できるでしょう。

なぜならそれは、「思考」を基準にした返事だからです。しかもそれは、一定の硬直した「思考回路」に従って、反射的に答えているだけの可能性が高いからです。

もしこのとき、誰かに、

「気にしなければいいんだ、考えなければいいんだと思ったら、それを止めることができますか」

と尋ねられれば、あなたは「いいえ」と答えるに違いありません。

「気にしなくてもいいと思うけれども、どうしてもそれが気になってしまう」

「考えないほうがいいとわかっているけど、考えてしまう」

それがあなたの本音のはずですから。

いまのあなたは、魚の産卵のように次から次へと生まれてくる否定的な思考を、止めることはできないかもしれません。

いまはそれでもいいのです。あなたが、いまの自分のつらい気持ちや苦しい状況に対して、

「私はこれまで、自分が落ち込んだり気分が滅入ったりするのは、どうしようもない

と思っていた。けれども、**もしかしたら、いま自分が感じている気分は、本物ではないのかもしれない**」

そんな疑問がちょっと芽生えるだけでも十分なのです。あることに一つ気づけば、また、その場所から眺めなおすことができます。ほんのちょっと立つ位置が変わるだけでも、新しい視点が見えてくるのです。

04 心はちょっとしたイメージに振り回される

「ポジティブシンキング」だけではダメな理由

あなたが滅入ったり、落ち込んで絶望的な気持ちになっているのは、一つは、前述しているように無意識に気分が滅入る言葉を連発しているからなのかもしれません。

だからといって、ひところ流行したように「ポジティブシンキング」すればいいというものでもありません。

24～25ページで述べた二つの文章（自分を追い込むものと自分を休ませるもの）のうち、後者を読んでも、

「ぜんぜん、肯定的な気持ちになりませんでした」

「あまり、その違いがわかりません」

という人が、中にはいるかもしれません。

そう感じる人は、まずは、それでいいのです。必ず違いが〝わからなければならない〟と言っているわけではありません。わからなかったら、ひとまずは、わからないままでいいと思ってください。

なぜなら、肯定的な言葉であればなんでもいい、というわけではないからです。

どんなに肯定的な言葉であっても適切な言葉であっても、自分の心に寄り添っていなければ、苦しくなります。**〝いまの自分の心境〟からあまりにもかけ離れた言葉は、**心が受けつけなかったり反発したくなるだけでなく、場合によっては**逆効果になることもある**のです。

その言葉が自分の気持ちにそぐわなければ、自分の心に寄り添ってくれる言葉を見つけ出せばいいのです。例えば、

「今日は、一日、何もしないでおこう」

こんな言葉をつぶやくと、その直後に罪悪感が湧いてくるという人はいませんか。

そんな人は、

「そうかあ。『今日は、一日、何もしないでおこう』と自分に言うと、私は罪悪感を

「自分を甘やかしちゃいけない」と思っていませんか？

覚えてしまうんだなあ」

と、声に出して言ってみましょう。

どうでしょうか。

少し、楽になった感じがしませんか。

どうしてでしょうか。それは、その言葉を自分に投げかけることで、自分の気持ちや感情を受け入れることができたからです。

●いい場面をイメージしてみると……

もし、どうしても肯定的な言葉を探してみる気力がわかない、というほど思考しすぎて疲れている人は、他の方法もあります。

〝思考する〟ことで〝感情が生まれる〟と言いました。

けれどもそれだけではありません。

あなたの気分や感情は、イメージからでも、呼吸や声や姿勢からでもつくり出すことができます。

試してみましょう。

イメージをしてみてください。

あなたは、職場にいます。

あなたが同僚に声をかけると、同僚は、あなたを無視して他の同僚に話しかけました。その同僚ともう一人の同僚が、二人で楽しそうに話をしています。

こんな場面を想像するだけで、マイナスの感情や気持ちが起こるでしょう。

では、これはどうでしょうか。

あなたが同僚に声をかけると、同僚は笑顔で応えてくれました。二人で楽しく会話を弾ませていると、別の同僚も寄ってきて、いっそう会話が弾みます。

こんな場面を想像すると、心地よい幸せな気分になってくるでしょう。

両者はいずれも、「イメージすることによって生まれた」気分や感情です。

こんなふうに、イメージするだけでも、気分や感情が生まれます。

●「実体のないもの」に悩まされないために

映画を観れば、映画の主人公になったような気分になります。ヒーローになって、果敢《かかん》に戦うことも、悪漢をやっつけることもできます。崖からダイビングするようなアクションも意のままです。

はらはら、ドキドキ、恐怖におののいたりビックリしたり、泣いたり笑ったり、幸せな気分に満たされたりします。

あなたがいま感じている気持ちや感情も同様に、もしかしたら映画を観ているときのように、あなたが思考やイメージでつくり出した、実体のないものかもしれません。

あなたはそれを、〝自分のほんとうの気持ち〟だと勘違いしているだけなのかもしれないのです。

05

囚われている人は〝生の感情〟に気づいていない

「気持ちよさ」を感じられないあなたへ

心の疲れが積もっていて、

「何もしたくない。面倒くさい。何もかも投げ出してしまいたい」

こんな気持ちに囚われていて、なかなかそこから抜け出せない人は、恐らく、自分の感情に気づいていません。

なぜなら、そうやって**思考に囚われているときは、物理的に、自分の感情や感覚のほうに目を向ける時間がない**からです。

「それは逆ですよ。自分の感情に気づかないどころか、苦しくて苦しくてたまらないから、こんな感情をなんとかしたいって、もがいてるんですよ」

あなたは、そう言いたくなるかもしれません。

でも、少し待ってください。

例えば、あなたがりんごをかじったとします。

「ああ、甘い‼」

これが、〝生の〟味覚の気持ちよさです。

おいしさを味わいながら、

「ああ、幸せだあ～」

と実感しました。これが〝生の〟感情です。

言い換えれば、〝いま〟この瞬間の感情ということです。

あなたは、自分に関心を向けて、こんな味わい方や感じ方をしたことがあるでしょうか。

「何もしたくない。面倒くさい。何もかも投げ出してしまいたい」

あなたがこんな思考に囚われているとしたら、頭の中で、絶えずたくさんの否定的な思考を繰り返しているに違いありません。

あなたがこんな感情や気分に囚われているとしたら、そんな感情や気分に囚われているがゆえに、いま何かが起こったときに感じている〝いまの感情〟を自覚する余裕もないでしょう。

●自分で自分を追い込んでいませんか？

心と身体は密接につながっています。

例に挙げたような思考やイメージだけでなく、肉体に備わっている声や呼吸、五感、姿勢さえも、それらのすべてが連動し、関わり合いながら統合的に機能しています。

実験してみましょう。

単純に、どんな姿勢をとるかでも、気分や感情は異なります。

まず、座って肩を落とし、全身の力を抜いてダランとさせましょう。

次に、首をガクッと倒してうなだれてみましょう。さらに「ハ〜ア〜」と、力なくため息をついてみると、よりいっそう実感できるのではないでしょうか。

その姿勢をキープしながら、どんな気分になるかをチェックしてみましょう。

あなたは、頭の中で、何か否定的な思考をしたわけではありません。ただ、その姿勢をとってため息をついただけです。

その姿勢で、ゆっくりと、自分の感じ方を観察してみましょう。

どうでしょうか。

そんな姿勢をしただけで、否定的な気分になって気持ちが沈んできませんか。

では、そんな姿勢とその気分のままに、次の言葉をつぶやいてみましょう。

「早く仕事をしなければならない。早く行動しなければならない」

やる気が失せている状態の自分に「しなければならない」と号令をかけると、どんな気分になるでしょうか。

心の疲れが積もっているときに、絶えずこんな言葉を自分に投げかけていれば、それだけで疲労困憊《こんぱい》していくということが実感できるのではないでしょうか。

もしかしたら、これがいまのあなたの状態かもしれませんね。

●ちょっとした言葉で心は軽くなる

では、こんな状態のとき、どんな言葉を自分に投げかけてあげれば、自分の気持ちを回復させることができるでしょうか。

こんな言葉はどうでしょうか。

「ああ、疲れたなあ。じゃあ、今日は、ゆっくりしよう」

これは、「身体の状態と言葉」が一致しています。

たったこれだけでも、心が軽くなったのではないでしょうか。その瞬間、身体が緩んだりもしているはずです。

このように、ほんのちょっとした違いでも、正反対の気持ちが生じます。

いまのあなたには、こんなことでも「面倒くさい」と感じることでしょう。けれども、逆に、「面倒くさい」と感じる人ほど、こんな〝いまの自分〟に、気づく必要があるのです。

06

「みんながそうだから」をやめよう

●「〜してほしい」ときは、苦しいとき

多くの人が、他者から認めてもらうことを望みます。

相手がそれを満たしてくれないと、愛情や満足は得られないと信じているかのようです。

では、あなたが、「〜してほしい」という気持ちをつのらせているとき、どんな気持ちになっているでしょうか。

「愛してほしい。認めてほしい。わかってほしい。こうしてほしい。ああしてほしい」

この文章を、声を出して読んでみましょう。

あえいでいるような、飢えているような、溺れていてわらをもつかむような、そんな気分になりませんか。

実感できないという人ほど、声に出して読んでほしいものです。

文字を追って黙読するのと、声に出して読むのとでは、実感に差があります。声に出すと、感情に響きます。

●苦しいのは「他者中心」で考えるから

このときあなたの意識は、どこにありますか。

そうですね。相手に向いています。

あなたは相手に、「自分を満たしてくれるように」と求めています。これを自分中心心理学では、**「他者中心」の意識**と呼んでいます。

この「他者中心」というのは、自分の意識の目が相手に向いていて、相手に満たしてくれるように要求したり、相手の顔色や反応をうかがいながら、相手の言動によって自分の態度や行動を決めていく生き方です。

例えば、そんな「他者中心」の目で自分の周囲や社会を見回せば、それらは自分の目にどういうふうに映るでしょうか。

街を歩けば、みんなが不機嫌な顔をして歩いている。

すれ違いざまに肩がぶつかれば、すごい形相でにらまれる。

道路を渡れば、車の運転手の運転が乱暴で、ひやひやさせられる。

電車に乗れば、マナーの悪い若者が足を伸ばしてふんぞり返っている。

会社に行けば、上司に業績を上げろとハッパをかけられる。

家に帰れば、家人に冷めた視線を浴びせられる。

こんな見方をしてしまえば、なんだか陰うつな気分になってしまうでしょう。

しかも、こんな「社会の人たち」対「私」という見方をすると、自分の存在がけし粒のように小さく感じられて、ますます心がしぼんでいくでしょう。

さらにまた、そうやって、**周囲に気を奪われていると、自分の「気持ちや感情」がお留守になっていきます。**

もちろん、ふと自分に目を向ければ、不安になったり焦ったり、腹が立ったり、失望したり、諦めたりしている自分に気がつくことがあるでしょう。

苦しくなるのは、他人の目線で考えているから

ムスッ
私の書類がまずかったのかしら？

私が何か気に障る態度をとったかしら？

けれども、それは、前述したような〝生の感情〟ではありません。

この前、その前。

あのとき、あの日。

さっき、昨日。

一カ月前。半年前、一年前。

こういった、たくさんの過去に起きたことについて「不安になったり焦ったり、腹が立ったり、失望したり、諦めたりしてきた」たくさんの過去の感情の集積なのです。

●大切なのは、あなたの〝いま〟の人生

あなたにとって重要なのは、いま起こっていることに対する、生の〝いま〟の気持ちや感情です。
・いま、自分がどんな気持ちになっているのか。
・いま、どんな感情を抱いているのか。
というふうに、「いま」が大事なのです。

外界に目が向いていると、自分のことが置き去りになります。
あなたにとって大事なのは、他人ではありません。
自分の人生なのですから、
・いま、自分がどんな思考をしたか。
・いま、どんなことを言ったか。
・いま、どんな行動をしたか。
こんなふうに、大事なのは自分自身なのです。

07

あなたの無意識は、よくなるのを怖がっている

●ほんとうは変わるのが怖いあなたへ

「もう、何もかもする気が起きなくて、面倒くさい」という気持ちになっているとき、そこにはもっと本質的な問題が横たわっています。

相談を受けたとき、その第一印象で「どんなにドアを叩いても、ドアを開けてくれそうにないな」と感じてしまう人がいます。

その姿はまるで、

「どうせ、誰に相談しても、自分をここから救い出せる人なんて、この世にいるわけがないんだ」

と主張しているように見えます。もしあなたが、そんな人たちの一人だとしたら、

あなたの心の思いが、態度や雰囲気にあらわれていて、相手にそう感じさせるのです。

もちろんあなたは、

「そんなことはありません。私はいまの状況を何とかしたいんです」

と言うでしょう。ただ、その一方で、

「どんなにあがいても、どうせ、いまの状況を変えることなんて、できっこないんだ」

といったような思いを抱いていないでしょうか？　あなたのその、

「どうせ変わりっこないんだ。誰も私を救うことなんて、できないんだ」

そんな思いが、**相手には「あなたが人を拒絶している」ように映ってしまう**のです。

事実、そう見える人たちの多くが、かたくなに「絶対によくならない」と信じていて、素直に人の話に耳を傾ける余裕もなくなっています。

ではどうしてあなたは、そんなにかたくなな態度をとってしまうのでしょうか。

あなたが無意識に拒んでいること

実は、そうやって他人を拒絶してまで〝いまの状態を維持しようとする〟、つまり簡単に言うと「変わりたくない」と思ってしまうのには、大きな理由があります。

もちろんそれは、あなたの無意識の世界のことです。

「もう、生きていることすら、面倒くさい」

そんな気持ちになっている人たちに、私は、

「もし心が元気になったら、あなたは何をしたいですか」

と尋ねることがあります。

すると、ほぼ、次のような言葉が返ってきます。

「親しい仲間と楽しくやっていきたいです」

「親しい人たちに囲まれて、毎日楽しく過ごしたい」

「職場のみんなに信頼されて、やりがいのある仕事に打ち込みたい」

「好きな仕事が見つかって、楽しく生き生きと働きたい」

どうでしょうか。

つまり、ほとんどの人が判で押したように「よくなったら元気で、明るく、笑顔で楽しく、生き生きと〜」と答えるのです。

でも、それはあくまでも「よくなったら」という仮定の話です。

あなたは、いまは、そんな状態ではないから「元気で、明るく、笑顔で楽しく、生き生きと〜はできない」と思っています。

もちろんです。落ち込んでいる状態のときに、そんなに「元気で、明るく」なんて、できるわけがありません。にもかかわらず、まるで標語のように、あなたはよくなったら「元気で、明るく、笑顔で楽しく、生き生きと〜」しなければならないと思ってしまっています。そもそもここが間違っているのです。

よくなったら「しなければいけない」という思い込み

よくなることが「元気で、明るく、笑顔で楽しく」であれば、いまのあなたは、「そんなに、明るく楽しく、テキパキと仕事なんて、できないよ」と言いたくなりませんか。

「よくなったら、(したくなくても)必ずそうしなければならない」

いまのあなたにとって、それは**非常に〝ハードルが高い〟**と感じられるでしょう。

まるでそれは、

「いまは泳げないので、泳げるようになったら、泳ぐ練習をします」
と矛盾することを言っているようなものです。

水に入るのもまだ怖い状態で、「よくなったらスイスイ泳がなければならない」としたら、考えただけでも怖くなってしまうでしょう。

そこで、

「それならいっそのこと、このまま泳げない状態のほうが、まだ、怖くない」

と、誤った認識で決断しています。つまり「変わるのが怖い」、これが「変わることを拒否する」無意識の最大の理由なのです。

08

〝ほんとうの気持ち〟を認めてあげる

「しなければいけない」と考えると……

あなたが「泳ぐのが怖い」という状態になっているのは、

「私は泳げない。けれども、スイスイ泳げるようにならなければいけない」

と考えていたり、

「私は泳げない。けれども、スイスイ泳げるようにならなければいけない。でも、できない」

と思っていたりするからでしょう。

それ以上に、あなたが「もう、何もやる気がしない」と諦めているような状態になっているとしたら、

「私は泳げない、けれども、本来、人間は、スイスイ泳げるようになるべきなんだ。だから私は、スイスイ泳げるようにならなければいけない。でも、スイスイ泳ぐなんて、そんな大変なこと、私なんかに、できるわけがないッ！」

となっているからでしょう。さらには、

「それができない私は、なんてダメな人間だ」

となっているかもしれません。

●「したい」か「したくない」か、それが大事

気づいたでしょうか。

そこには、あなたの「したい」「したくない」の欲求がありません。

もしあなたが、自分の欲求を認めることができるなら、まず、「自分が泳ぎたいかどうか」からはじまるでしょう。

もしあなたが、「泳ぎたい」という欲求をもっているとしたら、

「泳げるようになりたい。だから、泳げるようになるために練習したい」

「~するべきなんだ」と思っていると……

こんな感じ?
たくさんの友達とワイワイしているべきなんだ
ガックリ
でも私にはできない……
私はダメな人間なんだ……
うう…

となるでしょう。

けれども、「泳ぎたくない」としたらどうでしょうか。

もしこのとき、自分の「泳ぎたくない」という欲求を、あなたが〝受け入れることができる〟なら、

「じゃあ、泳ぐのはやめよう」

という決断を、心から認めることができるでしょう。

「泳ぎたくなかったら、泳ぎたくない気持ちを大事にしていいんだ」

恐らくいまのあなたは、心からそれを自分に認めることができないのではないでしょうか。そんなふうに自分に言うと、罪悪感を覚える人も少なくありません。

●自分を認めてあげると、変わるのも怖くなくなる

あなたがもし自分に、

「いまの状態から抜け出せたら、どうしたいか。よくなったら、何をしたいか」

こんな問いを投げかけたとき、すぐにあなたの頭の中に、

「張り切って、生き生きと仕事をしたい」
「友だちと、仲良く楽しくワイワイやりたい」
「好きな人と、幸せな生活を送りたい」

といった理想が浮かぶとしたら、すでにあなたは「理想通りにしなければならない」という意識に囚われています。

こんな世界は、あくまでもあなたが頭の中で描くイメージの世界にすぎません。

イメージの世界に自分を当てはめて、

「理想通りの自分にならなければならない。それができない限り、自分はダメだ」

というような思考で自分を否定していけば、苦しくなるばかりでしょう。

泣いたり、笑ったり、怒ったり、落ち込んだり失望したりするのが、私たち人間です。もし、そんな自分を認められる人であれば、もっと自分の気持ちや感情を大事にしたいと思うでしょう。そして、

「もし、よくなったら、私は、したいことをしたいと思える自分になりたいと思います。したくないことは、したくないのでしない、と決められる自分になりたいと思います」

と言えるでしょう。

こう言える「自分中心」の人であれば、自分の心に添った決断ができるでしょう。**心の疲れが積もって〝ゆっくりしたい〟と思ったら、罪悪感なしに「休もう」と決めることができる**でしょう。

こんなふうに、あなたも自分の気持ちや感情を、心から認められる自分になってほしいのです。こんな発想ができれば、「変わるのが怖い」という恐れも、自分を認めるにつれてだんだん減っていくに違いありません。

第2章

仕事に潜む「面倒くさい」

「怠けてはいけない病」から脱出する

01

「さぼってはいけない」病、「怠けてはいけない」病

●「しなければいけない」生き方と「したい」生き方、どちらを選びますか？

何もしたくないという気分になってしまう人ほど、「怠けてはいけない」病に感染しているかもしれません。

例えばここに、AさんとBさんがいます。

Aさんは「思考」を土台にして物事をみています。

Bさんは「感情」を土台にして物事をみています。

「思考」を土台にしていると、感情のほうに焦点が当たりにくくなります。そのために、「私が～したい」という欲求よりも、「しなければならない、してはいけない」という意識に囚われていきやすくなります。

他方、Bさんは「感情」を土台にしているために、「しなければならない、してはいけない」という思考よりも、「私が~したい」という自分の欲求のほうに焦点が当たります。

この違いは、人生を正反対にしてしまうほど、私たちにとって大きなテーマです。

この両者の違いを仕事に当てはめると、

Aさんは仕事に対して「しなければならない。さぼってはいけない。怠けてはいけない」という思考を中心にして取り組んでいくでしょう。

他方、Bさんは、仕事に対して「したい、したくない」という感情を中心にして取り組んでいくでしょう。

ところが「感情を中心に」と言うと、

「じゃあ、仕事をしたくなければ、仕事を途中で放棄《ほうき》しても構わないんですか」

と言いたくなる人もいるかもしれません。

こんなふうに考える人がまさに**「思考」に囚われていて、自分の感情や気持ちを抑えていたり、自分の感情に気づいていない人**だといえるでしょう。

例えば、こんな場面があります。

Aさんは、なかなか仕事がはかどらずに、悪戦苦闘しています。はた目にもいら立っているのがわかります。「しなければならない」に囚われているAさんは、それでもパソコンを操作する手を休めようとしません。

考え疲れたAさんは、パソコンに向かいながら、つい、居眠りをしてしまいました。

そのとき同僚がやってきて、

「眠ってるの」

と声をかけました。同僚に居眠りをとがめられたように感じたAさんは、慌てて、

「ううん、そうじゃないよ。ちょっと疲れたから、目を閉じていただけだよ」

と、同僚の言葉を打ち消しました。

仕事をしなければならないと考えているAさんにとって、居眠りは「怠けること、さぼること」を意味します。Aさんにとっては、それはいけないことなのです。

●「自分の感情」に気づくと心も身体も楽になる

他方、Bさんは、仕事に集中しているうちに、「少し疲れたな」と感じました。B

「〜しなければいけない」で行動すると……

仕事は怠けずこなさなきゃ！
ガクン
ガクン
ハッ
おーい

「〜したい」で行動してみる！

ちょっと疲れたから休憩したいな

さんは、その**「少し疲れたな」という自分の状態を認めることができます。**

そこでBさんは、目を休めようと目を閉じました。

同じように同僚がやってきて、

「眠ってるの」

と聞きました。その声にBさんは、自分が一瞬、眠っていたことに気づきました。

そして、こう答えました。

「ああ、ほんのちょっと、眠っていたみたいだね。でも、ちょっと休憩したおかげで、元気になったよ」

感情を中心にしているBさんにとって、疲れたら「ちょっと休憩しよう」はごく自然な行為です。**自分の感情を中心にしているので、早めに休憩することができます。**

だから同僚に対しても、「眠っていた」と素直に認めることができるのです。

●「怠けている」→「休憩している」に変えてみよう

Aさんのように「しなければならない」という思考を土台にしているか、Bさんのように「したい」「したくない」という感情を土台にしているかの違いとは、こういうことです。

こんなふうに客観的に見ると滑稽《こっけい》に映るでしょうが、これが実際にあなたがやっていることではないでしょうか。

そんな泥沼から抜け出すには、まず「怠けてはいけない」という思いを捨てましょう。そして、あなたの中にある「怠ける」という言葉を「休憩する」に置き換えて、

「私は疲れた。休憩したい。だから休憩しよう」

これを自分に許すだけでいいのです。

02 仕事が楽しいと感じられないとき

●「しなければならないのに、できない」と思ったら……

「もう、何もしたくない」という気分になってしまっているのは、自分の欲求を後回しにして、かなり我慢しながら「しなければならない」という思いや、相手の言うことに「従わなければならない」という思いで生きてきたということの結果だといえるでしょう。

とりわけ、他者中心の意識で、相手の言動に左右される生き方をしていると、いつの間にか**相手の言うことに自動的に反応したり、相手の言うとおりにするのが「当たり前」**という感覚になってしまいます。

相談者の中には、

「私は自分がどんな欲求をもっているのか、いま何を〝したいのか、したくないのか〟

自分の気持ちがわからないんです」

という人が少なくありません。

その多くの人が、明らかにそれを「したくない」と〝感じている〟はずなのに、

「私は、つらいから、したくないんです」

とは言いません。

「しなければならないのはわかっているのですが、できません。どうすれば、できるようになるのでしょうか」

と答えます。

どんな気持ちで取り組んでいるかをチェックしてみる

そんなあなたは、日常生活を送っているとき、どれほど自分のやっていることを自覚して生活しているでしょうか。

あなたがそれをしているとき、何を考え、何を感じながらしていますか。そもそも、

それを自覚しながらやっているでしょうか。

例えばあなたは、電車の中で携帯を取り出しました。

あなたが携帯を取り出したのは、どうしてですか？

「いま、退屈だから、何もすることがないので、暇つぶしに携帯でメールを送ろう」

と思ったのですか。それとも、電車に乗ると、いつも携帯を取り出すのが習慣になっているので、自動的に取り出したのでしょうか。

いまあなたは、メールの文章を作成しています。

あなたは、どう思ったから、メールを作成しているのでしょうか。

「メールが届いているので、メールの返信をしなければならない」

と考えてメールをしているのでしょうか、あるいは、

「この人には、あまりメールをしたくないなあ」

などと思いつつも、相手の**ご機嫌うかがいのためにメールしよう**としているのでしょうか。それとも、

「メールしたい」

と自覚してそんな欲求を覚えながらメールしているのでしょうか。

自分がどんな気持ちでいるのかチェックしてみる

あ、また彼女から
どうでもいいメール。
でも、すぐ返信しないと
機嫌が悪くなるから
メールしなくちゃ
ブツブツ

彼女もあのお店、
気に入るだろうな
教えてあげよう
ピッピッピッ

もしあなたが「メールしたい」という欲求を覚えながらメールしているとしたら、メールの文章を作成しているときも、文章と自分の気持ちが一致していて、その文章を心で感じながらやっています。途中で飽きてきたら、携帯をポケットにしまうことができるでしょう。

●幸せを感じることも「面倒くさい」となる前に……

携帯の話ぐらいだったらいいですが、いつもあなたがこんなパターンで無自覚に行動しているとしたら、**自分を傷つけることがあっても、気づかないで通り過ぎていってしまっているでしょう。**

それだけではありません。自分がいましていることに焦点が当たらない限り、それを「したい、したくない」の欲求だけでなく、それをしていて「楽しい、うれしい」というプラスの感情すら置き去りにしていってしまうのです。

自分を大事にしているかどうかは、こんな小さな場面でもわかります。人生を「面倒くさい」と思っている人ほど、感情をおろそかにしているのです。

まさにいま、「そんなこと、考えるのも面倒くさいよ」となっていないでしょうか。

そうであればあるほど、あなたにとって、ここが非常に重要なポイントだといえるでしょう。

プラスの感情や感覚を味わえなくして、どこに満足や充実感や幸福感があるというのでしょうか。あまりにも当たり前のことなので、そのことを私たちはつい忘れがちです。

まずは、自分がいまやっていることを〝感じてみる〟ところからはじめましょう。

それが自分を大事にするための第一歩です。

03 すべてを一人で抱え込んでいませんか？

●その仕事、ほんとうに「したい」ですか？

1章でも少し触れたように、自分の気持ちを無視して「他者中心」の意識に陥《おちい》っていると、**すべてを最後まで自分一人の力でやらなければならない**と思い込んでしまいがちです。とりわけ自分に厳しい人は、一人でやり遂げなければならないと、無意識に思ってしまっています。

もちろんこの〝厳しい〟というのは、意志の強さとは異なるものです。自分に課している義務感や責務感といった「すべき」思考が強いという意味での厳しさです。

「仕事をしたいんです。でも、できないんです」

という男性がいました。

ここで彼は、「仕事を〝したい〟」という言葉を使っています。

「したい」という言葉を用いるとき、その言葉と自分の感じ方が一致していれば、自分がそれを「したい」という欲求をもっているわけですから、プラス感情を覚えるはずでしょう。

けれども彼が「私は仕事をしたいんです」という言葉を用いているとき、果たして、そんなプラスの感情を感じているでしょうか。

むしろ、彼のその感情に一致した言葉を用いるとしたら、

「私は仕事をしなければなりません。このままできないでいると、リストラされてしまうかも知れません。首になってしまったら、もう、どうしていいかわかりません。それが怖くて仕方がないのです」

こんな悲壮感が漂《ただよ》うような言葉が彼の心情と合致しているでしょう。

どうして、そんなふうに「自分に厳しい私」になってしまったのでしょうか。

ここでちょっと、過去を振り返ってみてください。

家庭におけるあなたの親子関係はどうでしたか。

●「仕事で認められたい」という気持ちの奥にあるもの

家庭で、あなたの気持ちや意思は大事にされていたでしょうか。

あなたが自分の気持ちを親に言うと、

「ああ、そうだったの。あなたはそんな気持ちでいたんだ」

とあなたの気持ちをくんでくれたり、

「そうだったのか……。一方的に押しつけて悪かったな。お前の気持ちも考えないで、すまなかった」

などと親があなたを思いやるような言葉をかけてくれたことが多かったでしょうか、少なかったでしょうか。

あるいは、一方的に指示されたり命令されたり、あなたができないことや失敗してしまったことを、責められたり叱られたりすることが多かったでしょうか。

もしあなたが後者であれば、**「親に認められたい。ほめてもらいたい」一心で頑張ってきたに違いありません。**

そんな意識は、社会に出たときもそのままあとを引きます。

会社という場で、家庭環境と似たような場面に出合ったり、似たような心境になったりするたびに、家庭で形成された親子関係と同じパターンで動いたり、振る舞ったりしてしまいます。

例えばあなたが家庭で、

「やればできるはずでしょう。できないのは、努力が足りないからよ」

などと言われ続けていれば、あなたは親に対してそうであったように、会社においても上司に認めてもらいたい一心で、懸命に頑張ろうとするに違いありません。

確かに、家庭や学校においては、親の言うとおりに従っていれば、親の期待に沿うことができていたかもしれません。けれども、会社ではそういうわけにはいきません。

不安になっても大丈夫

例えばあなたは、今回与えられた仕事ができるかどうか不安に感じています。ところがあなたは、これまでの人生で、

「与えられたものは、最後まで自分ひとりでしなければならない」と思い込んでいます。そのために、まず「不安になっている」という自分の気持ちを認めることができません。認めてしまうと、自分を「弱い人間」のように感じてしまうのでそれを受け入れることができません。そのために、そんな自分の不安を抑え込みながら、「自分の力で最後までしなければならない」と考えるでしょう。

もしあなたがこんな状況に陥っているとしたら、それを最後までやり遂げようとするよりは、まずは、

「あ、そうか、私はこの仕事を任されて、不安になってるんだなあ」

と自分の気持ちを認めることが先決です。

04 自分を認めることがほんとうの強さだ

●「弱い人間になりたくない」あなたへ

あなたは「不安である」ことを認めることは、すなわち「自分が弱い人間である」ことを認めることになる、と恐れていないでしょうか。

では、「不安を抑えて」隠していると、強い人間になれますか。

不安を抑えていれば、強い人間に変身できるでしょうか。もしかしたらあなたは、不安を抑えて最後まで頑張れば、強い人間になっていくと信じているかもしれません。けれども、あなたの過去を振り返ってみればわかるはずです。そんなやり方は、すでに実験済みなのではないでしょうか。ずっとそうやって頑張ってきたからこそ、もう何もやる気が起こらない、という気持ちになっているのではありませんか。

●上司の目が気になって仕事にならないとき

例えばあなたは、こんな場面でどうしますか。

あなたはデスクの前で、締め切りの期日が迫っている仕事がなかなか思うようにはかどらずにイライラしています。

早く仕上げなければならないと焦れば焦るほど、考えがうまくまとまりません。

「早く早く」とあなたは焦りに飲まれて、自分にプレッシャーをかけます。

そのとき上司が、あなたのほうに歩いてくるのに気がつきました。あなたは仕事の進捗《しんちょく》状況を聞かれるのではないかと身を縮めました。

「聞かれたら、なんと答えよう」

「あまり進んでいないとわかったら、叱られるのではないだろうか」

などと、他者中心の意識で、あれこれ思考します。

幸い声はかけられませんでしたが、上司が通り過ぎるとき、あなたをのぞき込んだように感じました。

不安を一人で抱え込むと、疲れ果ててしまう

こんどは仕事だけでなく、上司の目が気になりはじめます。あなたの意識は仕事と上司の間を行ったり来たりして、すでにあなたは、仕事に集中できる状態ではなくなっています。こうなってしまうと、**仕事を進めるどころか、それだけで疲れ果ててしまうでしょう。**

さらに、新たな問題があなたに追い打ちをかけます。

仕事を進めている途中で、疑問が湧いてきました。

「このままやっていて、いいんだろうか。もし間違っていたら……」

でもあなたは、それを上司に聞くことができません。

下手に尋ねると、

「こんなこともできないのかッ」

「まだこんなところでつまずいてるのかッ」

などと、上司の怒鳴る声が飛んできそうな気がします。**そんな場面を想像するだけで、怖くて尻込みしたくなってしまう**のです。

毎日こんな気持ちで仕事を続けていれば、仕事が楽しいどころか針のむしろの上で仕事をしているようなもので、どんどん自信をなくしていくでしょう。

「よく頑張ったね」と自分をいたわってあげる

いままであなたは、自分が苦しくなっているときでさえ、最後まで一人でやり遂げなければならないと思っていました。でもそれは、ほんとうは「相談するのが怖い」ということが真相であったかもしれないのです。

もしかしたらあなたは、その状況に最後まで我慢してやり通せば「強い人間になれる」と錯覚していないでしょうか。

最後までやり通そうとする姿勢は、すばらしいと思います。しかし**最後まで頑張り通す忍耐力と、人に対して自己表現できることとは、まったく別の能力**だということを覚えておいてほしいものです。

一人で山にこもって修行すれば、人とのコミュニケーション能力が上達するでしょうか？　一人で暮らす能力は伸ばせても、コミュニケーション能力が伸びるわけがないということは、説明するまでもないでしょう。

もちろん、自己表現することを恐れている自分に気づいたからといって、そんな自分を責めても意味がありません。むしろ、過去の育ち方をみると「できなくて当たり前なんだ」と自分を受け入れて、そんな自分を「大変だったね」といたわってあげることのほうがはるかに大事です。それが真の強さです。

確かにあなたの家庭環境の中では、自由に表現することが許されなかったのでしょう。そうであれば、「恐れ」を抱いていても当たり前なのです。だからこそ、いまは何よりも、**過去のそんな自分を「よくやってきたね」とねぎらってあげることが第一なのです。**

過去の自分を受け入れる、そんな強さが芽生えれば、そのあとで、だんだん「自己表現できる自分になりたい」という欲求が生まれてくるのです。

05

上司に怒鳴られて心がしぼんでしまったら……

●「負けたくない」からつらくなる

あなたが自分をより理解するために、もう一つ、気づいてほしい点があります。

それは、あなたが自己表現することに恐れを抱いているとしたら、あなたの中に「相手と戦う意識」があるかもしれないという点です。

いまのあなたは「何もする気が起きない」という感じで心が萎《な》えているでしょう。

でもそれは、**「相手に勝とうとしてきた結果」**であるかもしれません。

「いいえ、そんなことはありません。私は戦うのはイヤなんです」

という気持ちがあるとしても、その中には「相手に負けまいとする意識」が隠れているでしょう。

「弱みを見せてはいけない。弱みを見せるとバカにされる」と多くの人が異口同音に言います。自分が思っている以上に負けることを恐れているのです。

●仕事で努力できなくなったとき

他者中心の意識が強い人ほど、他者に「認めてもらいたい。評価してもらいたい。ほめてもらいたい。愛してもらいたい」と望みます。

自分に自信がないために、相手が「そうだね」とうなずいてくれないと安心できません。相手が「わかった」と同意してくれないと、物事を安心して進めることができません。

自分で自分を満たすことを知らない人ほど、

「すごいなあ。すばらしいねえ。よくできるねえ」

などと他者に言ってもらわないと、不安に駆られます。そのために、そんな満足を他者に求めたり、要求したり強制したりしがちです。

それでも、自分が相手に認められるために努力できているうちは、問題は起きないでしょう。けれども、そんなあなたが「他者に認められる」努力をするのもつらくなってしまった、としたらどうでしょうか。

あなたを認めてくれる人は誰もいません。少なくとも、自信をなくしてしまったあなたの目にはそう映ります。

他者に意識を向けて、他者の反応を気にする姿勢や態度は変わりません。

そうなれば、相手と自分を比較して、相手に「負けた」と感じてさらに落ち込んだり、相手に傷つけられることを恐れるようになっていくでしょう。

例えば上司があなたに、

「どうしてこんなことになるまで、何も言わなかったんだ。わからなかったら、聞けばいいじゃないか!」

と怒鳴りました。

あなたとしては、

「言えばあんたは、そうやって怒鳴ってくるとわかっているから、怖くて何も言えないんだよ」

と言い返したいところです。心の中では、

「どうして、自分にばっかり怒鳴るんだ」

という気持ちもあるかもしれません。人と比較してしまうあなたには、上司が他の同僚よりも自分のほうによりつらく当たっているようにしか思えません。

もちろん、あなたは上司が怖くて、そんなことは言えません。あなたは身を縮めて上司の言ったとおりに従います。

●上司が怒鳴るほんとうの理由

ところがそんなあなたの態度が、上司の目にどういうふうに映っていると思いますか。

あなた自身は、萎縮《いしゅく》しながら黙って従っているつもりでいるでしょう。

それも事実でしょう。けれども、そんな萎縮した態度の中にも、上司を否定したり拒絶したり、反抗したくなるような意識が潜んでいないでしょうか。それは、自分の心を見つめてみればわかるはずです。

もしあなたが上司を恐れつつも、そんな気持ちが内在しているとしたら、実際に**上司の目に映るあなたの姿も、反抗的・拒否的である**でしょう。

もしあなたがそうやって心底脅えているとしたら、そのことがいっそう上司の加虐的な気持ちを引き出してしまう可能性もあります。あなたは、上司が怒鳴るので萎縮するのだと思うかもしれませんが、上司のほうは、あなたの萎縮する姿に触発されて怒鳴りたくなっているのかもしれないのです。

こんなふうに人間関係というのは、それぞれの人格だけでなく、お互いの関係が相手の言動に影響を及ぼしています。これが「関係性」なのです。

いまはそんな上司に対して、どうすることもできないかもしれません。けれども、自分の態度が、上司の目にどう映っているかという事実を客観的に知ることは、あなたにとって非常に重要です。

なぜなら、面と向かって上司と対決しなくても、「自分自身を変えればいいんだ」という認識を生むからです。

あなたがそれに気づくだけでも、大きな成果といえるでしょう。

06

会社の中で仲間はずれになっているような気がしたとき

我慢するほど対立は深くなる

怒鳴る上司、あるいは怒鳴る人に対して、あなたが、

「言うのが怖い」

それ以上に、

「負けるのが怖い。傷つくのが怖い」

そう思っていたとしたら、あなたの中にも〝戦う意識があった〟と気づいたのではないでしょうか。相手と戦う意識が強ければ、自分に攻撃してくる相手に対しても「戦って勝たなければならない」と思ってしまうでしょう。

相手を怖いと思っている人間が、相手に打ち勝つなんて、容易なことではありませ

ん。けれども、前述したように、人間関係は「私と相手」との関係性です。それにのっとれば、上司が怒鳴るのは、あなたがそんな上司に、**脅えたり、否定的な気持ちを抱きながら我慢しているという態度で対応しているから**だといえるでしょう。

だからいっそう上司は腹を立てるのです。そういう意味では、あなたも上司と〝立派に〟戦っているといえるでしょう。

もちろんあなたには、戦っている意識はないでしょう。けれども、少なくとも相手に対して好意的な気持ちを抱いていないということは、対立しているということです。対立しながら、相手を恐れているだけでも「戦っている」ということになるのです。

●あなたが気づいていない「同僚があなたを避ける理由」

あなたが上司だけでなく、同僚に対してもそんな対立的な気持ちで恐れを抱いているとしたらどうでしょうか。

あなたはもしかしたら、それに気づいていないかもしれません。

「自分の気持ちを大事にしましょう」とは言うものの、この〝自分の気持ち〟というものは、なかなかつかみにくいところがあります。

例えばあなたが、「明るい性格のほうが、人に好かれる」と思い込んでいれば、人に好かれるために、「私は、明るい性格になりたい」と考えるかもしれません。

けれども、この〝なりたい〟というのは、あくまでもあなたの理想やイメージであって、あなたのほんとうの感情ではないかもしれません。

このときあなたは、ほんとうは「好かれたい」と思っているよりも、**「人が怖い」と恐れを抱いている**かもしれないのです。

自分がそれを自覚できないと、自分は親しくしたいのに、

「あの人は、私にばっかり、冷たい態度をとる」

「みんなが、私を仲間はずれにする」

というような気持ちになってしまうでしょう。

けれども怒鳴る上司の場合と同様に、同僚に対して「怖い」という気持ちを抱いているとしたら、**同僚からは、「あなたが人と親しくしたいと望んでいる」とは見えない**でしょう。あなたが人に対して恐れを抱いているとしたら、その意識がそのまま同僚にも伝わります。

本当はあなたが同僚を拒んでいるのかも

あの人は私に冷たいから苦手
私をランチに誘ってくれなかった。ひどい人たち
ハァ～
ニコニコ
…
誰にでもいい顔できるなんてちょっと信用できないわ
…

●人と一緒にいるのが苦痛なら……

相手の言動に囚われている人は、自分の心が相手のことで占められているので、自分がどんな気持ちで人と接しているかということすら意識にのぼらないでしょう。もとより、自分の顔は見えないので、自分がどういった態度や表情をしているのかもわからないでしょう。

あなたがどんなに表面的に取り繕《つくろ》って、笑顔を振りまいていたとしても、あなたの意識は、ちゃんと相手に伝わっています。

しかもあなたのそんな態度は、むしろ、同僚から見ると、「あなたが同僚を否定している」ように映るでしょう。

「関係性」という点で言えば、あなたが上司の目に反抗的に映っていたように、同僚にとる態度も、あなたが相手を拒否していたり、あなたが相手に対して、

「こっちに来ないでよ」

と退けているように映っているに違いありません。

もしあなたが人間関係ですでに「ああ、もう何もかもイヤだ」という気持ちになるぐらい傷ついているとしたら、なおさら、あなたがそうやって自ら人を退けるのは、「ほんとうは、私は人が怖いのだ。寂しいけれども、人と一緒にいることのほうが、もっと苦痛なんだ」

ということを認める必要があるでしょう。そして、

「だから、いまはいいんだ。自分にとって、このほうが楽なんだ」

と、そんな自分を受け入れ、いたわってあげてほしいのです。

07

辞めたい、でも辞めるのが怖いあなたへ

●心はこうしてバランスをとる

もしあなたが、会社を「辞めたい、辞めたい」と日々悩みながらも、なかなか辞めることができないとしたら、**毎日、「辞めたい、辞めたい」と愚痴《ぐち》をこぼすことで心のバランスをとっているから、勤めていることができるのだ**といえるでしょう。

この「心のバランス」というのは、会社に関することだけではありません。

例えばあなたが、パートナーと「いつか離婚したい、離婚したい」と思っているとします。けれども実際には、なかなか離婚に踏み切ることができません。一人になるのが怖い。経済的に自立できない。世間体がある。もう最初からやり直す元気がないなど、離婚に踏み切れない理由はもろもろでしょう。

けれどもそんな恐れを抱きながら踏み切れないとしても、

「離婚したい。子供が大きくなったら離婚したい。仕事ができるようになったら離婚したい」

などと、「いつか、離婚することができるのではないだろうか」ということに希望をつないでいれば、いまの家庭生活に耐えられます。つまり、「会社を辞めたい」も「いつか離婚したい」も、そうやって愚痴をこぼしながら、そこに〝一縷《いちる》の希望を抱き続けている〟ことで、かろうじて心のバランスをとりながら現状を維持している、ということなのです。

仕事を続けるのと辞めるのは、どちらが怖いか

もちろん、そんな心のバランスのとり方が悪いと言っているわけではありません。

そんな自分の心の状態を、

「そうか、私は、辞めるのが怖いので（別れるのが怖いので）、その怖さのほうが勝っているんだな」

というふうに受け止められることのほうが大事なのです。

そんな怖さを自覚していないと、「辞めたい」という気持ちだけが増大していくでしょう。「辞めたい」気持ちが増大していけば、「でも、できない」という気持ちと戦って、心だけがヘトヘトに疲れ果てていくでしょう。

●会社を辞めれば、ほんとうに楽になる?

「辞めたい」意識に囚われている人は、

「怖いってことを認めたからって、どうなるんだ。現実は変わらないじゃないか。そんなことしたって疲れるだけだから、面倒くさいよ」

と言いたくなるかもしれません。

ほんとうにそうでしょうか。

では、実験してみましょう。

次の言葉を、声を出して読んでみてください。

「もう、会社を辞めたい。辞めたい。辞めたい。辞めたい。辞めたい。辞めたい」

ここで止めておきますが（笑）、どうでしょうか。

言えば言うほど、**「辞めることが難しい」**ような気持ちになってきませんか。

では次に、「いまは、怖くてできないんだ」という自分の気持ちを認めると、どうなっていくでしょうか。同じように、次の言葉を声に出して読んでみましょう。

「そうか。私は会社を辞めたい、辞めたいと思っていたけど、辞めたいという気持ち以上に〝辞めるのが怖い〟と思っていたのか」

自分を認めるために、こんな言葉を自分に投げかけると、少し気持ちがホッとするのではないでしょうか。

そうやって自分を認めることができると、次に見えてくるものがあります。

「そうかあ、そういうことだったんですね。いま、目がさめました」

と言った男性がいました。

その人は、最初は「会社を辞めさえすれば、いまの状況から抜け出せる」と思い込んでいました。けれどもほんとうは、

「会社を辞める辞めないの問題ではなかったんですね。**いまの状況がつらい。でも、いま起こっていることに、自分が向き合うことができない。**だから放棄してしまいた

い、ということだったんですね」

会社を辞めたいと相談する人たちに、私は、

「自分を変えようとしない限り、何度会社を辞めても、また同じ状況に陥っていくでしょう」

と、よく言います。

会社を辞めても、根本的な問題の解決にはなりません。

だから**「向き合おう」、そう思うだけでも、あなたは一歩、前進したことになるのです。**

08 一分間、黙って目をつむれますか？

失敗が怖くなくなるちょっとしたレッスン

もちろん、とても耐えがたいほどつらいなら、辞めるというのも一つの方法です。何がなんでも我慢してそこに踏ん張り続けなければならないということではありません。

けれどもあなたは、辞めることにも恐れを抱いています。辞めないのもつらい、辞めるのも怖い。こんな状況では、**どちらを選択しても苦しみは大きくなるばかりでしょう。** それこそ、そんな思いが長期化していけば、「もう、どうなってもいいや」という自暴自棄的な気持ちにならないとも限りません。

どっちに転んでもつらいなら、辞めるまで、あるいは辞めざるを得なくなるまでの間でも、「自分中心」になるレッスンをしましょう。

といっても、難しいことに挑戦する必要はまったくありません。

自分ができるところから、はじめればいいだけです。私はそれを「一円の貯金」と言います。チリも積もれば山となる、です。

繰り返しますが、大きなことに挑戦する必要はまったくありません。むしろ、**ほんのちょっとできるところからはじめたほうが「安全」です**。この「安全なところからはじめる」というのも、失敗を恐れないで済む方法といえるでしょう。

ですから、もしあなたが誰かを相手にしてレッスンする勇気がまだ持てないというときは、一人でやれることからはじめましょう。

一人でレッスンできることもたくさんあります。

●一分間、黙って目を閉じていられますか？

例えばあなたは職場で、黙って目を一分間閉じていることができるでしょうか。

さあ、ここで、一分間、目を閉じてみてください。

目を閉じているとき、どんな気持ちになるでしょうか。

もしかしたら、誰かがあなたを見ているかもしれません。それでも平気でいられるでしょうか。

人目を気にしていれば、一分間がとても長く感じるでしょう。

耳に意識を集中させて、周囲にアンテナを張っていませんか。

他者の目を気にすれば、肉体も緊張してくるはずです。その気分はどうですか。

「生きるのが面倒くさい」と投げやりな気持ちで諦めている人ほど、イライラしたり、ソワソワしたり、ざわざわするような感じがしたりして、その一分間すら落ち着いて目を閉じていることができないでしょう。

心地よさを〝実感〟するレッスン

では次に、一度、全身を緊張させてください。

息を大きく吸って、顔、肩、おなか、お尻、手足もすべて同時に力をいれます。

そして、一気に息を吐くと同時に、全身の力を抜きましょう。

まず、全身の力が抜けた状態を実感してください。

呼吸もゆっくりとなっています。

そのゆっくりとした呼吸を感じながら、力が抜けた肉体の状態の〝感覚〟のほうに焦点を当てましょう。

肉体がリラックスしていて、気分も心地よいはずです。

その心地よさの感覚を〝実感〟しながら、一分間目を閉じているとどうでしょうか。前者と後者との、その〝実感〟の違いはどうでしょうか。たったこれだけでも、「何もかも面倒くさい」と思うあなたにとっては、未知の世界のはずです。

これも「一円の貯金」です。

●辞める前にできること

中には、こんなリラックス感の心地よさを感じられない人もいます。

それは、他者や周囲を気にするあまり、自分に関心を向けてこなかったり、他者を気にしながら、自分の感情や感じる力を抑えてきた結果なのかもしれません。そのた

心地よさを〝実感〟するレッスン

スー
息を大きく吸って、
全身に力を入れて
緊張させる
フー
一気に息を吐いて
全身の力を抜く
すべての力が
抜けてゆっくりした
呼吸になるよ

めに、自分の感覚を感じる感度が鈍ってしまっているからだと考えられます。

もしあなたがそういう状態だったとしても、いまはそれで十分です。それでも、肉体は、普段のあなたとは比較にならないほどリラックスしています。感じられなくても、そのまま続行して構いません。悲観することはありません。感度は、自分を感じるレッスンを続けていけば次第に戻ってくるでしょう。

まずは、それに気がつくことが、あなたの大きな成果です。まさにこれが、〝安全なところから〟のレッスンの一例です。

こんなふうに、自分の未来のために、**会社を辞める前に一人でレッスンできることはたくさんあるのです。**

第3章

人間関係に潜む「面倒くさい」

「私はダメな人間症候群」にサヨナラする

01

「私はダメな人間」と思っていませんか?

人と自分を比べて「ダメ」だと思うとき

ある職場での光景です。

Aさんがちょっと疲れて目を閉じていると、上司が、

「何さぼってるんだ。もっとピッチを上げて働いたらどうなんだ」

と叱りました。

ところがBさんが目を閉じていると、

「ごくろうさん。いつも頑張ってるんで、疲れてるんだね」

と、いたわりの言葉を投げかけました。

Aさんはそれを見て、

「同じことをしているのに、**Bさんはほめられて、どうして自分は叱られなきゃいけないんだ**」

と、上司に腹が立ちました。と同時にAさんは、Bさんと自分とを比較してますます自信をなくしていきます。

そんなAさんに、Bさんとチームを組んで進める仕事が回ってきました。

Bさんは、自分の役割を手早く進めていきます。一方、Aさんは思うように進めることができません。

Bさんが、自分のパートを終えてゆっくりしていると、Aさんは、

「なんだよ。済んでしまったんだったら、手伝ってくれてもいいじゃないか」

と、Bさんを責めるような気持ちになってしまいます。自分でもひがんでいるとわかっているのですが、どうしようもありません。

Bさんに対してだけでなく、上司の顔が自分の視野に入ってくるたびに、モタモタしてたら、また雷が落ちるんじゃないかと警戒してビクビクしてしまいます。

Aさんがそんな思いに囚われているとき、Bさんが、あなたの仕事の進捗状態に気づき、

「もし、よかったら、それ、私がやりましょうか」

と申し出てくれました。

Aさんはどう答えていいかわからずに戸惑って、「あっ、ああ」と答えるのが精いっぱいでした。

Bさんが手伝ってくれるのは助かるのですが、Aさんの心は複雑です。

Bさんのテキパキとした態度を尻目に、

「ああ、同期入社なのに、ますます水をあけられてしまう」

などと考えて、さらに意気消沈するのでした。

●自信のなさを回復する方法

こんな場面を見て、あなたはどう思いますか。

もしあなたが、「何もかも面倒くさい」というような気分になっているとしたら、恐らく、こうした見方をしているに違いありません。

けれども、次のような見方をしてしまえばどうでしょうか。どっちに転んでも否定

誰かと比べて「自分はダメだ……」と思ってしまったときは…

これ手伝って
もらえますか？
いつか頼めたら
いいなぁ

「自分より"できる"と思う相手に依頼ができる私」
をイメージする

的に解釈してしまうので、どんなことが起こっても「私はダメな人間だ」となってしまい、どんどん自信をなくしていくのは当たり前だと思いませんか。

こんなとき、あなたがもしBさんに対して、

「少し仕事を手伝ってほしいんだけど、いいかなあ」

などと依頼できたら、あなたは自信のなさを、ほんの少し回復できるでしょう。

もちろん、いまのあなたにとっては非常にハードルの高い行動でしょう。

「相手に依頼するなんて、ますます、自分が惨めになってしまいますよ」

そう思うのではないでしょうか。

もしそう思ってしまうのであれば、

「いつか、頼むことができたらいいなあ」

ぐらいで終わりにしておきましょう。

●「できない」ことがあっても、大丈夫

すべてのことについて言えることですが、「できない」ことが悪いわけではありま

せん。ここはくれぐれも、勘違いしないでほしいと思います。

あなたが**「それができないと尻込みしてしまう」のには、そう思ってしまうだけの理由があります。**それはあなたの過去の経験からきています。いまはまだ、その理由を解明しようとする必要はありません。それよりも、**いまできないことが「いつか、できたらいいなあ」と、心から、そう思ってください。**

なぜなら、あなたにとって「いま、できない」ことは、あなたが一生をかけて〝少しずつできるようになっていく〟ぐらいに大きなテーマであるかもしれないからです。

02 元気だったあのころがほんとうの自分なのに、どうやったら戻れるの？

●あなたを蝕《むしば》む〝小さな傷み〟

過去の経験が、場合によっては、あなたを一生縛るような経験になっていることも少なくありません。トラウマというほど衝撃的なものではなくても、日々の生活で、絶えずそれが繰り返されていたら、仮にそれが〝小さな傷み〟であっても、繰り返されるたびに解消されずに積もっていき、やがてそれが〝大きな傷み〟となって、なんらかの形であらわれてくるでしょう。

前述している「従わなければならない」という思いや「しなければならない」という思いもそうです。

ある家庭での日常生活です。

親が子供に指示口調でいいます。

「そんなところに、ランドセルを放り投げてるんじゃないわよ。ちゃんと片づけなさい。ほら、さっさと動いて！」

あるいは親が心配しながら、

「そんな薄着をしたら、風邪をひくわよ。これ、着なさい」

あなたが子供のころ、あなたの家庭でも、こんな一コマがありませんでしたか。

学校でも、

「それをしてはいけません。これはしなければなりません」

などと決められたルールがあります。

こんなとき、あなたが、

「親の言うことや、学校の先生の言うことに従わなければならない」

と思い込んでいたら、どうでしょうか。

あなたはそんな指示や命令やルールに対して「従うのは当たり前だ」となっていませんか。もしあなたが小さいころ、「従うのは当たり前だ」になっていたとしたら、いまはどうでしょうか。

「それに従うかどうかは、私の自由なんだ」

という意識になっているでしょうか。それとも相変わらず「従うのは当たり前だ」と思っているでしょうか。

あるいは、こんなことに疑問すら抱かなかった人もいるのではないでしょうか。

それでもあなたが、言われた通りにできるうちは、何の問題も起こっていないように思うでしょう。

●自分で決める自由がないと……

ではあるとき、あなたが「それをするのがイヤだ」と感じたとき、どうしていましたか。

前章でも述べたように、「しなければならない」は**思考**です。するのが「イヤ」は、**感情**です。

このときあなたは、感情を優先することができるでしょうか。

「私はやりたくない。だからやめよう」と決めることができますか。さらにそのあと、

「やめてよかった」と心から言うことができるでしょうか。「やめてよかった」と、それを心から喜び、**自分が選択したその行動に対して、心から満足することができるでしょうか。**この〝心から〟が非常に重要です。

それとも、もしあなたがそれをやめてしまったら、「ああ、私は（やらなければならないのに）、それをやめてしまった。なんて不甲斐《ふがい》ない人間なんだろう」

などと自分を責めたり、やめることに罪悪感を覚えたりしていないでしょうか。

もしあなたが自分を責めたり罪悪感を覚えてしまうとしたら、あなたは、「これを続けるのはつらい。かといって、それをやめるのもつらい」というふうになっていくでしょう。もちろん、どっちに転んでも「私はダメだ」になっていくのは火を見るよりも明らかです。

●ほんとうの「元気」になるために

相談に来る人たちは、しばしば、

「いまはこうなってしまってるんですが、昔は元気だったんです」

と以前の自分といまの自分を比較して、

「だから、あのころの私に戻りたいんです」

と、そう言います。けれどもほんとうにそうでしょうか。

「昔は元気だった」のではなくて、ここに挙げたように、そのときどきで、**あなたは自分の気持ちや感情よりも、「しなければならない」で動いていました。**ところがいよいよ飽和状態になってしまい、それが〝いまの状態〟というのが真相なのではないでしょうか。

03

人と親しくつき合えない自分を自己嫌悪するとき

ほんとうに「誰とでも親しくなりたい」ですか？

あなたが人と親しくしたいのに、「なかなかうまく人とつき合うことができない」ということで悩んでいるとしたら、あなたは無意識のところでは、まだ、**人と親しくしたいと思っていないかもしれません。**

例えばカルチャーセンターで、講義の合間に親しい者同士がかたまって話をしていますｌ。あなたは一歩離れたところでその光景を眺めながら、みんなが楽しそうにはしゃいだり騒いだりしているのが羨《うらや》ましくてなりません。あなたも、

「あんなふうに楽しく話ができたら、いいなあ」

と思いながらも、なかなかみんなと打ち解けることができません。疎外感を感じな

がら、そんな自分が惨めでたまりません。

あるとき、Cさんが、あなたを仲間に誘ってくれました。

このときあなたは、どんな気持ちになるでしょうか。

誘ってくれたCさんに対して「ありがとう」と、素直に言うことができるでしょうか。それとも、

「Cさんは私に同情して、私を入れてくれたに違いない」

と考えたり、そんな自分を惨めに感じたりしないでしょうか。

さて、あなたは、Cさんやその仲間と一緒にいます。

そのときあなたは、その中にいて「とても楽しい」と感じているでしょうか。

それとも、**みんなの顔色をうかがいながら、一生懸命、話を合わせようとしたり、周囲の和を乱すまいと気を遣ったりしている**でしょうか。

結局あなたは、みんなの話題についていけず、黙って聞くだけになっています。

けれども黙って聞きながら、話の内容はあなたの耳に届きません。それは、すでにあなたの頭の中は、「みんながどう思っているだろうか」などといった思考でいっぱいになっているからです。

会話の中になかなか入っていけないあなたは、やがて、自分が邪魔者のような気がしてきて、いたたまれない気持ちになっていくのでした。

こんなふうに、あなたは一人でいてもみんなと一緒にいても、苦痛を覚えます。

どうしてでしょうか。

●人といると「楽しめない」のはどうしてか

すでに気づいたと思いますが、それはあなたが、どんな状況においても、マイナス要素ばかりを拾っていくからです。

それが高じていけば、知らず知らずのうちに自己嫌悪に陥って、

「どうせ私は誰にも相手にされないんだ」

などと、自暴自棄になってしまうでしょう。

でも、ここで知っておいてほしいことがあります。

それは、**あなたの目から「楽しそうに話をしている」ように見える人たちも、あなたとまったく同じ気持ちでいる**ということです。

一人でいれば仲間はずれになったような気持ちになるし、一緒に話をしていても、決して〝楽しい〟だけではありません。いまのあなたにはそう思えないかもしれませんが、あなただけが例外ではないのです。

ただ、〝ほんのちょっと〟あなたと違う点があります。

それは、少なくともあなたよりは、**「いま」に焦点を当てられる**ところです。

あなたは、「いま」よりも、思考に囚われ、他者に囚われています。

過去の傷ついた自分を思い出したり、先のこと、未来のことを不安がったり、未来を思って焦ったりしています。

あれこれと考えることに疲れ果てて、「もう無理だ」と絶望的な気持ちになってしまっている人もいるでしょう。

●人づき合いの上手な人のちょっとした「気づき」

けれどもあなたの目に「楽しそうにしている」と映る人たちは、例えば、一人でいたとしても、ふとした花に目をやって「きれいだなあ」と感じる一瞬があったり、生後間もない赤ちゃんを見たとき、ふと心が和む自分を感じたりしています。

ときには生きる気力を失うことがあったとしても、その気分の中に息もできないほど溺れてしまっているわけではなくて、ある場面場面で、自分の気持ちがほんの少し楽になったりホッとしていることに気づくことができます。

人と一緒にいるとき、人との間に壁があるような疎外感を感じていたとしても、その中にも、自分に相づちを打ってくれたり、誰かの話が楽しいと感じたりする自分に気づいています。そうやって、**肯定的な「いま」の瞬間に気づくこと**が、あなたよりもほんのちょっと多いだけなのです。

04

「誰も自分の気持ちなんてわかってくれない」と思ったとき

一人になるのは誰だって怖いもの

私たちは完全に一人で生きていくということはできません。

普段は周囲に人がたくさんいて、スーパーやコンビニに行けば人と会うこともできます。郵便局や銀行にもたくさんの人がいます。

一人で暮らしていたとしても、周囲に人の気配を感じるだけで安心します。

だから、人がまったくいない孤独の怖さを感じないでいられます。

けれども実際にまったく一人っきりになったら、寂しくて怖くて仕方がないでしょう。それほど、私たちは、一人っきりになることを恐れています。

アメリカで、学生を対象に孤独にどれだけ耐えられるかという実験をしたことがあったそうです。学生は、孤独状態をつくるために防音装置のついた小部屋に入り、視覚刺激を最小限にして行われました。

実験の結果、そんな状況のもとで三日以上耐えられた者はいなかったといいます。

そんな実験をするまでもなく、私たちは、孤独になってしまう怖さを遺伝的・本能的に知っています。

だから、誰とも会うチャンスや話すチャンスがなければ、人恋しくなります。

孤独感を感じれば、誰でもいいからそばにいてほしいと願います。

●「愛されたい」という気持ちに気づいていますか?

いまの世の中は、誰かがそばにいれば孤独にならないという点では、安心できます。

けれども、それだけでは満足できません。

私たちは根本的に「人に愛されたい」のです。

愛されたいと願うから、「私をわかってくれる人」を望みます。

孤独に打ちひしがれている人ほど、誰かに「認めてほしい、愛してほしい」と渇望

します。まさに〝渇望〟です。

「そんなに愛されたいなんて、思ってないよ」

と言う人がいるとしたら、それは自覚していないだけだといえるでしょう。

自覚できないとしても、愛を渇望しているからこそ、自分を認めてほしい、わかってほしいと、他者にそれを求めてやまないのです。

もう何もかも面倒くさいという気持ちになっている人は、それを求めた結果、

「誰も、私の思いに応えてくれる人はいないんだ」

と諦めてしまったからなのかもしれません。

●心の叫びに耳を傾けてみる

ではここで、あらためて、

「認めてほしい。わかってほしい。愛してほしい。誰か私のそばに寄り添ってほしい」

こんなふうに声に出して言ってみてください。

どんな気持ちになりますか。

「愛されたい」という気持ちが認められないと……

いまあなたが感じている、その気持ちの状態が〝渇望〟です。

あなたはそうやって、「わかってほしい。認めてほしい」と渇望し、それを満たしてくれる相手を〝誰か〟に求めています。

では、その〝誰か〟というのは、誰でしょうか。

その〝誰か〟が、「あなた自身」であったことはあるのでしょうか。

●自分に向かってこう言ってあげよう

あなた自身は、どうでしょうか。

あなたは、自分を認めてあげていますか。

あなた自身が、自分をわかってあげていますか。

あなたは、自分の心に寄り添っているでしょうか。

例えばあなたが、そんな気持ちになっているとき、〝誰か〟に、こんなふうに声をかけてもらったら、どんな気持ちになりますか。

「ああ、そうなのか。つらいのかあ。つらいんだねえ。無理もないよ。そんな気持ち

になるのは、もっともだよ。そうか、そうか……」

こんなふうに言ってもらうと、少し心がホッとするのではないでしょうか。

ではその言葉を、〝誰か〟に求めるのではなく、あなた自身が自分に、言ってあげてください。

これが、自分を認めるということです。

これが、自分をわかってあげるということです。

これが、自分の心に寄り添うということなのです。

05 尽くしても尽くされてもうまくいかないとき

●「自分を犠牲にして」いたら、いいことはありません

自分中心心理学では、愛を得るためには「まず自分自身を優先しましょう」といっています。これは決して、相手のことはいっさい考えないでいいという意味ではありません。

そう解釈してしまう人は、いまだ他者中心に陥っていて、〝自分中心〟になって自分を心から気持ちよく優先した経験に乏しいからだといえるでしょう。

この「自分を優先する」ということのほんとうの意味は、

「自分を大事にすることが、相手を大事にすることにもなるんですよ」

ということです。

日本では「自分を犠牲にしてでも相手に尽くす」ことを、美徳としているところがあります。

自分中心心理学の観点からすれば、「自分中心になる」と「自分を犠牲にしてでも相手のために尽くす」というのは対極のところに位置しています。

相手に尽くすことが間違っていると言いたいわけではありません。

ただ、「自分を犠牲にして」という点について考えてほしいのです。

なぜなら、自分を犠牲にして尽くせば尽くすほど、状況が悪化していくという人が多いからです。**献身的に努力すればするほど、相手に裏切られたり、相手が自信をなくしたり生きる喜びを失っていったりする**ということも起こります。

「私が愛すれば愛するほど、相手をダメにしていくなんて」

と信じられませんか？

●相手をどんどんダメにする関係とは？

では、この状態を、逆の立場から考えてみましょう。

例えば、あなたの勤める会社が不景気になって倒産してしまいました。

そのショックで何もする気が起こらないあなたは、恋人のアパートに泊まったことがきっかけで、ずるずるとそこに居着いてしまいました。

恋人は、食事の用意も洗濯もベッドメイクもすべてやってくれます。

恋人は、あなたに尽くせば、自分の愛情が伝わって、きっと立ち直ってくれるに違いないと信じているのです。

あなたが「出かける気力がない」と言えば、恋人は気を使って、自分が疲れていてもすぐに音楽のCDや映画のDVDを借りてきてくれます。

あなたがフラリと出かけようとすると、

「これで気晴らしに、遊んでおいでよ」

と、自分の生活費を工面してでも小遣いを渡してくれます。

あなたの姿が少しでも見えないと、すぐに携帯が鳴って、

「どこにいるの。大丈夫なの。何しているの。雨が降ってきたけど、傘は持っているの？　迎えに行こうか？」

などと〝心配〟コールがかかってきます。

恋人は、あなたに立ち直ってもらいたい一心で、そうやって尽くします。

そんな恋人に対して、あなたはどんな気持ちになっていくでしょうか。

「何もしなくていいから、いい生活だなあ。そんな生活をしてみたい」

と思う人もいるかもしれません。確かに生活の面では、好都合です。

けれども、心の中はどうでしょうか。

「うれしいなあ。ありがたいなあ。さあ、早く、仕事を見つけて働きたい！」

という意欲が、どんどん湧いてきますか。それとも、尽くされればされるほど生きる気力が萎《な》えていく、そんな気分になっていきませんか。

●「ありのままの姿」を見つめることからはじめよう

恋人は、自分を犠牲にしてまであなたに尽くしています。

ところがあなたの無意識には、違ったメッセージとなって届いています。

「あなたは、私がいないと、何にもできない、ダメな人なのよ」

いいえ、それはあなたの錯覚ではありません。そんな気がするのは、恋人の無意識が、そう言っているからなのです。

恋人の中にあるあなたのイメージは、自分が理想とするパートナーです。**あなたのありままの姿ではなく、恋人の理想とする姿になるように**と、あなたに要求しているのです。いまのあなたは、「そんなの、とても無理だよ」と言いたいのですが、それを受け入れてもらえません。

ところが、そうしながらも恋人は同時に、あなたに矛盾するメッセージも送っています。それは、あなたに対して「私がいないと生きていけないぐらい、私に依存してほしい」と思う欲求です。あなたが無力であればあるほど、あなたが恋人から去る確率は低くなります。恋人もまた、心理的に安心してあなたに依存していられるのです。

だからあなたが、自分を犠牲にしてまで尽くしてくれる恋人に、息苦しさを覚えるのは当然のことだったのです。

06

大切な人が去ってしまって 自暴自棄になっているとき

●相手をダメにしていることに気づいたら……

犠牲になってでも尽くしてしまうという人の心の裏には、相手に対して、「私の理想の人になってほしい」という思いと「無力な状態で依存していてほしい」と願う矛盾した心理が隠れていると、あなたは知りました。

もしかしたら、そのとき、すでにあなたは、苦しみながらも、恋人なしには生きていけないというほどに自信をなくしているかもしれません。

一方の恋人は、そんなあなたに対して、

「私は身を粉《こ》にして尽くしているのに、どんどん恋人はダメになっていく」

と、努力が報われない自分の身の上を嘆いているかもしれません。

こんなとき、〝自分の無力感の正体〟に気づくだけでも、あなたは少しでしょうが、自分の心を救ったことになるでしょう。

あなたは、等身大の自分を受け入れてもらえない、それがあなたを無力にさせていたということに気づくからです。

もちろんこれもまだ、さまざまな無意識の一部です。

ただ、はっきりといえるのは、お互いが努力をしたとしても、その結果、目に見えて悪い状況になっていくとしたら、**それは適切な愛し方ではないということ**でしょう。

あなたはもしかしたら、そうやって尽くしてくれる相手の行為を、愛だと勘違いしているかもしれません。その愛に応えなければならないと、あなたも頑張っていたに違いありません。

けれどもそれは、**「尽くし、尽くされ」の関係で成り立っている相互の「依存」**です。

あなたが恋人に依存しているのと同様に、恋人もあなたに依存しているのです。

あなたがこんな依存の仕組みに気がつけば、それだけでも、喪失感や無力感に打ちのめされている自分の心を救うことができるでしょう。

その結果、相手と別れることになったとしても、それは、ともにそんな愛し合い方が負担になってきて限界に達したからということではないでしょうか。

ずっと「自分がダメなんだ」と思っていたあなたへ

これは、恋人との関係だけでなく、親子関係や職場や他の人間関係でも同じです。

あなたがもう誰とも会いたくないというような気持ちに陥っているとしたら、**あなたの身近に、あなたの気力を奪っている人がいるのではないでしょうか。**あなただけではありません。相手も、あなたに必死にすがっているはずです。

それに気づかなかったあなたは、「自分が悪いんだ。自分がダメなんだ」と、自分のせいにしていたはずです。

ではそんな「依存関係」を、親子関係を例にして、〝親の立場〟から見てみましょう。

親としてのあなたは、誰かがそばにいないと、心細くてなりません。その一方で、「こんな私のそばにいてくれる人なんて、誰もいない」と思ってしまうほど、自分の価値を信じられません。自分より優れている人は、自分から去っていくと思っています。そこで〝あなたの無意識〟は考えます。

「そうだ。子供だったら、私を見捨てることはないだろう。けれども、子供もいずれ自立してしまえば、私を見捨てて巣立ってしまうかもしれない。じゃあどうすればいいだろう」

あなたの無意識は、さらにその方法を考えます。

「私が捨てられないためには、どんどん世話を焼いて、子供が、私なしには生きていけないようにすればいいんだ。そうすれば、ずっと一緒にいられるんだから」

それが実現できたなら、見事あなたは**自分が優位な立場でいながら、相手に堂々と依存できる**のです。

●自分を「もっといたわって」あげよう

親の立場になってみて、どうでしたか。

こんな無意識の仕組みを聞いて、あなたはどう思いますか。事実、

「確かにそうだと思います。子供が自立してしまうと、私、どうしていいか、わからなくなってしまいます」

と告白する母親もいます。

あなたはこれまで無為に自分を責めていました。大切に思っていた人が去っても、「自分がダメだから」と自分を責めていたに違いありません。

けれどもほんとうは、あなたがダメなわけではありませんでした。

相手があなたに依存していたかった、それがはじまりだったのです。

この事実に気づいたいま、あなたは、これまで自分を責めてきた自分に謝って、そんな自分を「もっといたわってあげよう」と決意することができるのではないでしょうか。

07 つらくて、もう誰とも会いたくないとき

“誰かに満たしてもらいたいもの”がありますか？

「一人でいるのは寂しい。でも、人と一緒にいると気を遣って息苦しい」

という人がいる一方で、

「一人でいるのも楽しい。人と一緒にいるのも楽しい」

という人もいます。

どこが違うのでしょうか。

「一人でいても、一緒にいても楽しい」と言えるのは、**「いまに生きている」**からです。

では、その「いまに生きている」というのは、どういうことでしょうか。

例えば、前述した場面と同じように、みんなが自由な空間で、それぞれ好きな仲間

とグループになって談笑しています。

そんな空間の中で、「いまに生きている人」は、自分が本を読みたいと思ったら、自分の近くで談笑している人がいたとしても、本に没頭することができます。

みんなと一緒にいるときはどうでしょうか。

もし仮に、みんながしゃべっているときに、その人だけが黙っているとしても、誰かが楽しそうに話をしていれば、それに耳を傾けることができます。そして、楽しそうに話をしている人のその雰囲気を感じて、「私も楽しい」と感じることができるでしょう。

こんなふうに、「いまに生きている人」は、一人のときもみんなと一緒のときも、〝いま〟を大事にできます。


いま、楽しい。

いま、うれしい。

いま、幸せ。

いま、満足している。


というふうに、〝いま〟感じている肯定的な〝実感〟を味わうことができるのです。

もしあなたがそうやって、「いまを感じる」ことができるなら、相手に対して「あなたと一緒にいることが、私はうれしい」と感じるでしょう。

そんな感じ方ができれば、まず、自分自身が満たされます。

あなたが相手に対してそんな好意を抱いていれば、あなたのその好意が、相手に伝わります。相手がその好意をキャッチすれば、その心地よさから、あなたと一緒にいたくなるでしょう。

こんなふうに考えてみると、実は、愛や満足は、「相手が私を満たしてくれたら、愛や満足を感じることができる」のではなくて、**「自分自身が愛や満足を感じることができるかどうかで決まってくる」**のだと気づくのではないでしょうか。

けれども、自分の心と思考が、過去や未来に飛んでいては、〝いま〟に焦点を当てることができません。だからこそ、自分中心になって、〝いま〟に焦点を当てることが大事なのです。

●「目標が見える」、それだけでも一歩前進

もちろんすぐに、「こんなふうになりなさい」とあなたに強制しているわけではありません。「いまに生きている人」と自分を比較してしまうと、「とても、そんなことはできない」と絶望的な気持ちになってしまうでしょう。

これを例に出した真意は、何をするにも面倒くさいという気持ちになっている状態から抜け出す方法として提示したにすぎません。

「そうか、いまに生きることができるようになっていけばいいんだ」という目標が一つ見えただけでも、大きな収穫といえるでしょう。

●「ダメな自分」は否定しなくていい

では、絶望的な気持ちになっているあなたにとって、「いま」できることは何でしょうか。それは、いまの自分を受け入れることですね。

あなたはいま、誰にも会いたくないと思うほど失意の底に沈んでいます。

あなたはそんな自分を否定していますか、肯定していますか。

そこに焦点を当ててみることが、あなたの「いまできること」ではないでしょうか。

自分が自分に寄り添ってあげるような気持ちで、

「そうかあ、誰にも会いたくないんだね。無理もないよなあ。何が起こっていたのか知らずに、ずいぶんと長い間、自分を責めてきたからなあ、絶望的な気持ちになるのは、当たり前だよ。いまはとにかく、心が元気になるまで、ゆっくり休むことだよ。それが、自分を大事にするってことなんだからね」

というように、あなたが自分をいたわってあげることが、あなたの**「いまできること」**なのです。

第4章

生きるのも「面倒くさい」と思ったら……

「自分を許してあげる」ことからはじめよう

01

生きているのも面倒くさくなったとき

●「面倒くさい」を「何もしたくない」にしないために

面倒くさいという思いに囚われていれば、朝、目が覚めたときから、起きるのが面倒くさい、顔を洗うのが面倒くさい、服を着替えるのが面倒くさいなどと、すべての行動を面倒くさいと感じるでしょう。

そんなとき、あなたは次にどんな言葉をつぶやいているでしょうか。

「ああ、起きるのが面倒くさいなあ」

そう思ったあとで、

「でも、会社に行かなくちゃならないから、起きるしかないんだ」

「朝食をつくらなければならないから、起きるしかないんだ」

などと、**その気分をすぐに否定していませんか。**朝起きたくなくても、起きないわけにはいかないでしょう。

「否定しないとしたら、どうするんですか。朝起きたくなくても、起きないわけにはいかないでしょう」

確かにそうですね。

「会社に行かなければならないのですから、寝ていたくても、寝ているわけにはいきませんよ」

と言いたくなるでしょう。

けれども、「面倒くさい。でも、しなくちゃならない。するしかない」という言葉をつぶやいていれば、**いっそう、何もしたくない気分に拍車がかかっていくでしょう。**

では、そんなあなたは、休日の朝だったら、どう思うでしょうか。

「ああ、休日だあ。今日は、たっぷり、好きなだけ寝てやるぞ」

と、気持ちよく、布団の中でゴロゴロすることができるでしょうか。ゴロゴロしながら、その「ゴロゴロしている状態」を、〝ああ、気持ちいいなあ〟と感じることができるでしょうか。

それとも、ゴロゴロしながら、自分が何か悪いことをしているような気分になって、「休みの間にしなくちゃならないこともたくさんあるのに、こんなことしてていいのか」

などと自分を責めたり、

「ああ、明日はまた、会社かあ」

などと、明日からの一週間のことが頭によぎって、布団の中にもぐっていながら、うつうつとした気分になったりしていないでしょうか。

●「生きている喜び」は感じられますか？

どうしてあなたはそうやって、面倒くさいと感じてしまうのでしょうか。「面倒くさい」が当たり前になっていれば、それを疑問にも思わないのでしょう。

けれども自分を意識して自分の気持ちをよくよく観察していくと、「面倒くさい」という気分の奥には、**「生きている喜びや満足感」を感じていない自分**がいることに気づくのではないでしょうか。

休んでいるとき、罪悪感を感じていませんか?

布団の中にもぐっているときでさえ、

「気持ちがいいかどうかなんて、考えたことがありませんでした。気持ちがいいと感じた記憶もないですね」

という人もいます。

けれどもあなたが、そんなふうに「生きている喜びや満足感」を感じる感度が鈍くなったのには、理由があります。

それはあなたが、これまでの人生でたくさん傷ついてきたからではないでしょうか。

●あなたは自分を守ってきただけ

例えばあなたが自分の気持ちを言えば、相手に、

「何バカなこと言ってるんだ」

と即座に無視されたり否定されたり、行動しようとするたびに、

「そんなことするんじゃない」

と禁止されたり命令されたりしていれば、あなたは、そのたびに傷つきます。あな

たの環境では、それが日常茶飯事です。あなたは、毎日、自分を否定され、拒否されます。そのたびに傷つくとしたら、無力なあなたは、どうやって自分を守ろうとするでしょうか。

そうですね。**自分を守るためには、「傷つくこと」に鈍感になっていく**しかありませんね。だからあなたは、自分の心を守るために「感情を感じる感度を鈍くさせていった」、というのが真相だったのです。

02 心はこうして麻痺してゆく

「傷ついていた自分」に気づいてあげる

確かに、さまざまなマイナス感情を感じる感度を鈍化させていけば、自分の心を傷つけないで済みます。

叩かれても痛みを感じなければ、それに耐えることができるでしょう。あなたはそんなやり方で、さまざまな状況を乗り越えてきました。

感情を感じないでいることが、ある時期には、非常に有益な働きをしていたのです。

だから、まず、それを否定することはありません。

あなたに第一にしてほしいのは、

「過去の私は、自分を守るために、感情を感じないようにしていたのだ。そうやって自分を守っていたのか」

と気づき、自分を認めることです。

認めるというのは、どういうときにも、大切なことです。

その上で、あらためて「傷つくことに鈍感になる」ということは、どういうことを意味するのかということを考えてみましょう。

たとえばあなたの職場で、Aの場面では同僚に、

「それ、代わりにやっておいてよ」

と雑用を押しつけられ、断ることができませんでした。

Bの場面では同僚たちの面前で、上司に、

「こんなこともできないのか」

と嫌みを言われました。

Cの場面では、あなたが同僚に頼んでいたことを、

「聞いてないよ」

と否定されました。

Dの場面では、あなたは同僚に声をかけたけれども、無視されました。

こんなふうに、あなたはA、B、C、Dの場面で傷ついています。**ところが、感情が鈍感になっているあなたは、自分が傷ついているということすら、気づきません。**

そのために、あなたは、まるで何事もなかったかのように、それをやり過ごします。ほんとうのあなたは傷ついています。けれども、顕在意識のあなたは、それを自覚できません。

こんなふうに自分が傷ついていることを自覚できないままに、それが積もっていったら、どうなっていくでしょうか。

最後にはもう、生きていくのも面倒くさい、というようになってしまうのではないでしょうか。

●「何に傷ついたのか」を知ることが大事

しかもそこには、決定的な問題が横たわっています。

それは、自分の感情に気づかないために、「自分が何に傷ついているのか」がわからないという点です。

感情に気づかないと、何が起こっているのかすらわかりません。

「誰との関係で、どんなところで、どんなことで」傷ついたのか。こんな具体的なことが見えてきません。具体的なことがわからなければお手上げです。

さらに不都合なことが起こります。

例えば、あるときあなたはひどく傷つきました。

ところが、普段のあなたは自分の感情に鈍感になっているために、逆に、

「ああっ、どうしたんだ！　怒りがいきなり噴き出して止まらないッ」

といったふうに、あなた自身が自分の感情に驚いてしまいます。

しかも、感情に鈍感になっているあなたが怒りを沸きたたせるぐらいですから、とても大きなことが起こったに違いありません。

心のSOSに気づいてあげよう

さらに不都合なことに、あなたはずっと自分の感情を無視してきたために、この感情の対処法がわかりません。

対処方法がわからなければ、自分の感情に気づくことがいっそう怖くなるでしょう。

そのために、さらに自分の感情を麻痺させていってしまいます。

こんなふうに、感情に気づかないことで起こる悪循環が、あなたを「もう何もかも嫌になる」という状態に追い込んでいたというのが真相なのです。

03

自分の感情を受け入れてもっといたわろう

●あなたの大切な「感情」を取り戻そう

これまで、あなたは感情を鈍感にすることで、自分を守ってきました。それを否定することはありません。

それ以外に方法を知らなかった過去のあなたには、必要だったのです。

ところが、自分を守っていたと同時に、それがいま、あなたを「何もかも面倒くさい」状態にしています。

けれども、そんな状態になりながらもまだ苦しいと感じているのは、どうしてだと思いますか。

それはあなたが、そんな状態になりながらも**まだ諦められずに、取り戻したいと願**

っているものがあるからではないでしょうか。

あなたは気づいていないかも知れませんが、「無意識のあなた」が切に望んでいるもの、それは、自分を守ることと引き換えに失ったもの、ではないでしょうか。

あなたが引き換えに失ったもの、それは感情です。

とりわけ、**プラスの感情**です。

自分の感情に鈍感になるということは、それでマイナス感情をかわすことができる代わりに、プラスの感情にも鈍感になるということです。

あなたが「もう、何もする気が起こらない」という気持ちになったり、何もかも放り出したくなったりするのは、**「うれしい、楽しい、幸せだ、満足だ」**といったプラスの感情に乏しいからでしょう。

●「生きることの歓び」を諦めていたあなたへ

感情だけではありません。「何もかも面倒くさい」という思いに囚われていれば、五感で感じる快感もおろそかになりがちです。

考えてもみてください。

「生きることの歓び、生きることの幸せ」というのは、感情と五感で感じる気持ちよさや快感なくしては味わえないものです。

あなたがそんな感情や感覚を感じることを諦めているとしたら、「もう、何をするのも面倒くさい」となっていくのは、当然のことだといえるでしょう。

あなたはいままで、自分の感情を鈍感にすることで自分を守ってきました。そのために、今度は、自分の感情に気づくことに恐れを抱いています。

それでもあなたは、自分の感情を取り戻したいのです。

●感情を取り戻すための「呼吸のレッスン」

感情を取り戻すための第一歩として、自分の感情を受け入れることからはじめましょう。しかし、いきなり自分の感情を受け入れるというのはむずかしいかもしれません。

そこで、この「受け入れる」という感覚を呼吸で試してみましょう。

「受け入れる」というのは、呼吸で言うと、**吸った息を十分に身体のすみずみまで行き渡らせてからゆっくりと吐く**、ということです。

呼吸は、息を吐かなければ吸えません。

息を吐ききれば、その分だけ、吸うことができます。

いまあなたは、どんな呼吸をしていますか？　浅く吸っては、ため息をつくような呼吸を繰り返していませんか。

いま試しに、あなたが気づかずにやっている呼吸を実感してみましょう。

座った状態で、

浅く吸って、肩を落とし、ため息をつく。

もう一度、浅く吸って、肩を落とし、ため息をつく。

これを数回繰り返してみましょう。

どんな気持ちになりますか。

どんどん無力感が増していくような気分になりませんか。

背中も丸まっていませんか。

では、今度は、適切な呼吸をしてみましょう。

その前に、一度、**全身に力を入れて、一気に力を抜いてください。**

さらに、そのまま、今度はみぞおちだけに力を入れて、同じように一気に抜きましょう。

身体を起こし、それからゆっくりと鼻で大きく息を吸って、ゆっくりと口から吐きましょう。吸気と呼気の分量は、等分です。

それを五～六回やってみてから、普通の呼吸に戻りましょう。

どうでしょうか。

心と身体が、少し楽になったのではないでしょうか。少しかもしれませんが、元気になったような感覚がしませんか。

いまのあなたのその状態が、**「自分を受け入れる」感覚**に近いものです。

04

自分の感情を受け入れれば心と身体が楽になる

●弱音を吐いても大丈夫

自分の感情を受け入れるというのは、自分の感情を〝許す〟ということでもあります。

あなたはこれまで、「感情的になってはいけない。泣いちゃいけない。我慢しなくちゃいけない。くじけない自分になろう。こんなことで弱音を吐いてはいけない。もっと強くなろう。もっと図太い人間になろう」などと自分に言い聞かせては、自分の感情を否定してきました。

弱い自分を否定してきました。

ほんとうのところ、〝弱い〟という言葉も必要ありません。

弱音を吐きたくなるのは、心が疲れているからでしょう。

あるいは、要所要所での自分の守り方が不適切で、自分を傷つけてきたからでしょう。**戦う必要のない場面で、無意味に人と、あるいは自分と戦っていたから**かもしれません。

心が疲れていることを、認めてこなかったのは〝あなた自身〟です。

●ゆっくり、少しずつ、楽になっていこう

〝受け入れる〟というのは、〝休養する〟という意味とも同じです。

だから受け入れるだけでも、たくさん積もっている心の疲れを癒すことができるのです。

あなたが今の状態で、いきなり感情を感じる感度を取り戻したら、どうなっていくでしょうか。

過去に体験した心の傷みが、どっと押し寄せてくるかもしれません。

しかもいまとなっては、自分の感情を認めることすら怖くなっています。

だからこそ、自分の感情を受け入れていくレッスンが必要なのです。もちろん〝**少しずつ**〟です。

●どんな感情も否定しないこと

こう言うと、多くの人が、

「受け入れるって、どういうことですか。どうすれば、自分の感情を受け入れることができるんでしょうか」

という疑問を抱くのではないでしょうか。けれども、先にあなたは、呼吸で「受け入れるレッスン」をしました。下地はできています。

その呼吸のように、あなたの中に起こった感情は、マイナス感情であっても、それを全身で感じて味わい、その感じ方に身をまかせましょう。

それは、自分の感情を否定しない、ということです。

これが、自分の感情を認めるということです。

自分の感情を否定しないからこそ、あなたは楽になるのです。

どんな気持ちも否定しないと楽になれる

私はあの先輩が嫌いなんだ
イラ イラ
私は英語がペラペラな人に劣等感を感じちゃうんだな
ペラ ペーラ
Oh!
モヤ モヤ
ズッ
私はたくさんの人と一緒にいるのが苦手なんだな
そうなのかぁー
じゃあ しかたないなー
ハハハ
ニャー

否定しないからこそ、あなたの中に積もっているマイナスの感情が、消えていくのです。

逆の言い方をすれば、マイナスの感情が解消すれば、必ず楽になります。

心が楽になり、肉体は力が抜けてリラックスします。呼吸は、ゆっくりと深くなるでしょう。

●「感じたこと」を口に出して言ってみよう

例えばあなたはこれまで、気持ちが沈んでいて何もしたくない状態のとき、頭の中でどんなことをつぶやいていたでしょうか。

「このままではいけないとわかっているのに……」

「もっと動きたいのに、どうしても動くことができない」

あなたがこんな状態になっているとき、どんな気持ちになっているでしょうか。

恐らく、焦ったり不安になったりしているに違いありません。

まずは、「思考」ではなくて、あなたのそんな自分の感情に気づくことが、〝自分を

認めてあげる〟ことの一つです。そして、例えば、

「ああ、そうか、私は不安になってるんだ」

というように、自分が不安になっていることを、言葉で自分に言ってあげることも、〝自分を認めてあげる〟ことの一つです。

では次に、不安になっている自分に対して、どんな言葉を投げかけてあげたら、あなたは楽になるでしょうか。

「ああ、そうか、私は不安になってるんだ。無理もないよ。どうしたらいいかわからないんだから、不安になるのは当たり前だよな。だから、不安になってもいいんだ」

こんな言葉で自分の不安を受け入れることができれば、楽になるでしょう。

そうやって自分を受け入れてこそ、「じゃあ、こうしてみよう」というふうに、**少し前向きの気持ちが生まれてくる**のです。

05

相手に求めるよりも「私が私を愛する」

●誰かにしがみついていると、見えないもの

どうにもならない状態に陥っているとき、恐らくあなたは、相手に癒しを求めていたり、相手にすがろうとしていたのではないでしょうか。自分の感情を受け入れることもなしに。

もちろんそれは無理もありません。いわば**溺れている状態**ですから、助けを求めて誰かにしがみつきたくなるのは当然のことです。

ただ、その結果、どうなっていきましたか。

求めても求めても、報われない気持ちに陥って、いっそう無力感に襲われたのではないでしょうか。

すでにあなたは理解していると思います。

あなたが誰かに助けを求めたり、相手にしがみつこうとしているとき、あなたは自分自身が見えていません。あなたはしがみつくことに一生懸命になっています。

そんなとき相手が、

「もう、大丈夫ですよ。浅瀬ですから、自分の足で立つことができますよ」

と言っても、あなたは信じられません。

自分の足で立てる場所にいても、あなたは相手にしがみつこうとするのです。

きりのない苦しみから逃れるために

では反対に、しがみつかれる立場になってみると、どうでしょうか。

相手があなたにしがみついてきます。

あなたは忘れているかもしれませんが、これも、馴染《なじ》んだ感覚がしませんか。その感覚は、あなたが過去に体験してきたものではないでしょうか。

過去を振り返ってみると、**あなた自身が、そうやって誰かにしがみつかれ、苦しん**

できたのではないでしょうか。

そんな状態で、あなたは必死に相手に応えようとしてきました。

その結果、相手は、「ありがとう。満足しています」と感謝してくれましたか。

それとも、あなたがどんなに相手の要求に応える努力をしても、相手は「もっと、もっと」と絶えず要求したでしょうか。

●まず、自分自身を愛してあげる

こんなふうに「しがみつく人としがみつかれる人」を眺めてみると、どちらの人になっても、プラスの感情や感覚の感度が乏しければ、決して満足することはないと、確認できたのではないでしょうか。

愛や満足は、相手が与えてくれるものではなく、「自分自身が感じるもの」だということが、少し納得できたでしょうか？

もちろんそれは、「相手に求めるな」と言っているわけでありません。

ドイツの詩人ティートゲが『ウラーニア』で、

「歓びを人に分かつと、歓びは二倍になり、苦しみを人に分かつと苦しみは半分になる」

と言っているように、相手と歓びも苦しみも分かち合えることが理想です。

けれども前述したように、それは、**「自分が感情を感じる感度」があってこその話**です。

相手に自分の欲求を満たしてくれるように望むよりも、自分の感情を優先して、「私が私を愛する」下地を育てていくことのほうが重要なのではないでしょうか。

●心は、じっくりゆっくり休ませよう

考えてもみてください。

心が疲れているのは誰ですか。

あなたですね。

肉体でいえば、あなたが熱を出しています。

あなたは熱が出ている状態にもかかわらず、仕事をしなければならないと思ってい

ます。ゆっくり休養が必要だということを、頑固に受け入れようとしません。「働かなければならない。熱を出してはいけない。病気になってはいけない」などと自分を縛っては、焦りや不安から、あるいは罪悪感からそうできない自分を責めるのです。

客観的に見たら、自分のやっていることが、まるで滑稽な姿に映りませんか。肉体的な病気は身体にあらわれるから、ほとんどの人が「休息が必要だ」と自覚できます。熱があれば、起きていられないから、横になって休み、体力の回復をはかります。

精神的な疲れは目に見えず、自覚できないことも少なくありません。が、心の疲れが積もっているときも、肉体的な病気のように十分な養生が必要なのです。

心の疲れは目に見えないからこそ、時間がたっぷりと必要なのです。

06 「したくない」ことに気づく

焦らないほうが、うまくいく

感情を感じる感度を取り戻しましょうというものの、感情を抑えすぎたり、自分の感情を無視してきた人たちにとっては容易なことではないでしょう。

「こんな状態から抜け出したい」と、もがき苦しんでいる人ほど、「いますぐに」と急ぎ、焦ります。

けれども、溺れているとき、もがけばもがくほど溺れていくように、「いますぐに」という気持ちを抱けば抱くほど、つらくなっていくでしょう。

正直言って、それは無理です。

「いますぐ、というのは無理なんだ。時間をかける必要があるんだ」

これを承知しておいてほしいのです。諦めろと言うのではありません。「時間をかける」ことを覚悟しましょうということです。

例えばあなたは、大病を患っている人や大けがをしている人に、「早く治るように」と、急《せ》かしますか？

そんなことはしませんね。

「ゆっくり、十分に養生してくださいね。急ぐと、かえって治りが遅くなってしまいますからね」

と言いたくなるでしょう。

そうであるなら、そんな言葉が、自分自身に対してこそ必要なのです。

●大切なことだから、時間をかけよう

あなたがすぐにと焦る気持ちはわかります。けれども、もともと、あなたがそうなってしまったのは、ひと言でいうと、自分を〝愛し足りなかった〟からです。

もちろん、あなたが「自分の愛し方」を知らないのは、あなたのせいではありませ

ん。そうであればなおさら、**ゆっくりと時間をかけて、自分を愛する方法を知る必要があるといえるでしょう。**

クリント・イーストウッド監督の『マディソン郡の橋』という映画作品があります。あの映画は、アイオワ州の片田舎で、平凡な中年主婦と中年のカメラマンが出会って、四日間だけともに過ごして愛し合い、その愛を支えに生きていくというストーリーです。中年男性にも支持されて大ヒットした作品です。

四日間愛し合ったことが一生の支えになるということを否定するわけではありませんが、四日間を心の支えにするのでは虚しいよと、私は言いたくなります。

すぐにこの苦しみから解放されて楽になりたいと焦ってしまうのは、わずか四日間だけ自分を愛することができれば、生涯、楽に過ごすことができると信じて、その方法を求めているようなものです。

あなたは何年もかけて徐々に、「もう何もかも嫌になってしまった」という状況になっていきました。

そんな心の疲れの蓄積を、あなたはわずか四日間、自分を愛することができれば、癒すことができますか。わずか四日間自分を愛することができれば、これからの生涯を、満足して過ごすことができますか？

一刻も早く、いまの状況から抜け出したいという気持ちはもっともです。ですが、魔法のように瞬時に楽になりたいと望みながら焦るのは、自分を一日愛することができれば、あとはどんな状態になろうとも、

「一生、私は満足して、幸せに生きることができます」

そんな、ほとんど不可能な方法を要求しているようなものです。

あらためて自分に問うてください。あなたは、一日愛を得ることができれば、一生満足して生きることができると、本気で思いますか。

●あなたが「したくないこと」はなんですか？

まずは、自分を愛するための第一歩です。

自分の感情を取り戻すレッスンとして、「自分がしたくないこと」に気づきましょう。

なぜなら、**自分の感情を感じる感度が低い人は、まだ「私のしたいこと」がわからない**からです。

「したい」という欲求が出てこない人は、「～するのはイヤだ。～するのはつらい」といった「したくないこと」からはじめましょう。

「もう、何もかも面倒くさい」という状態になっている人はとりわけ、まだ、人間関係の問題に取り組むのは困難です。

そんなあなたに取り組んでほしいのは、**「自分一人でできること」**です。

だから、まず、自分が一人で実践できることとして、「したくない」ことに気づき、そこからはじめてほしいのです。

07

希望の光は〝少しずつ〟見えてくる

●小さなことからはじめよう

何もしたくないという気分になっているときは、**自分の「ささやかな願い」を叶えてあげることからはじめましょう。**

しかしながら、「もう何もかもイヤだ」という状態になって、「イヤだ、イヤだ」という気持ちに囚われながら動いているときは、自分がいまどんな気持ちになっているかということすら気づかない人が少なくありません。

だから初歩の段階では、「自分がしたくない」ことに気づくだけで、十分です。

しかもその「自分がしたくない」というのは、ごくごく小さなことです。

たとえば、友だちからメールがきました。あなたは返事をしなければならないと思いながらも、「面倒くさい」と感じました。

もしあなたが「面倒くさい」と感じたら、自分のその気持ちを大事にして、**「いまは、面倒くさいので、返信するのをやめよう」**というふうに、その願いを叶えてあげましょう。そして、自分がそうすることを、心から認めてあげましょう。

これが、自分の小さな願いを叶えてあげるということです。

自分の小さな願いを叶えてあげていると、次第に「自分がしたい」という欲求が生まれ育ってきます。その「自分がしたい」から「する」という、自分を大事にする心地よさを知ってほしいのです。

●「我慢する」より、「自分の気持ちを大事にする」

「石の上にも三年」ということわざがあります。冷たい石の上でも三年も座り続けていれば温まってくるという意味から、我慢強く辛抱すれば必ず望みを達成できるということのたとえとして用いられます。

けれども自分中心心理学では、我慢することをすすめてはいません。むしろ「我慢しない」ことをすすめています。

「自分を愛すること」は歓びです。

これまで知らなかった〝自分を愛するスキルを身につけていく〟ことは、楽しみでもあります。

先の例で言えば、

「いまは、自分の面倒くさいという気持ちを大事にできてよかった。返信するのをやめようと〝気持ちよく〟決められてよかった」

というふうに自分に関心を向けて、**そのときどきの自分の気持ちや意志を大事にしてあげることが、自分を愛するということ**なのです。

もしあなたが、そうやって、

「私は、いま自分の気持ちを大事にできてよかった」

「私は、いま自分のために、こんな決断ができてよかった」

「私はいま、自分の気持ちを認めて受け入れることができてよかった」

というふうに、「自分を大事にできたところ」に焦点が当たるようになれば、三年もかからずに、あなたは「何もかも面倒くさい」という状況を卒業しているに違いありません。

●「自分中心」主義にすると、物事はもっとうまくいく

自分中心主義にすると、物事は非常にシンプルです。

「幸福な家庭の顔はお互いに似ているが、不幸な家庭の顔は、どれもこれも違っている」とトルストイが言っているように、自分中心になると、幸せというのは実にシンプルなのだと気づくでしょう。

シンプルであるためにかえって、文字を追うだけの人は、スーッと特急電車が目の前を通り過ぎてしまうように、頭から抜けていってしまうでしょう。

それは、文字で読んでいるからです。思考で考えているからです。

頭で答えを得ようとすると、どんどん複雑な思考になっていって、いっそう混乱していくだけです。

「いまは返信したくないので、しない」

こんなふうに自分のささやかな願いを叶えてあげられれば、時間がたてばメールを〝したく〟なります。

このとき他者中心になって「すぐに返信しないと相手に悪い」と考えたり、「相手が、どう思うだろうか」などと思考を巡らしていけばいくほど、わけがわからなくなってしまうでしょう。

自分中心心理学は実にシンプルです。

他者中心になって他者に囚われていたり思考にはまっている人は、自分を大事にして、自分の小さな願いを叶えてあげたほうが、はるかに物事はうまくいくということを、経験的に知らないだけなのです。

第5章

楽に生きたいあなたへ……

「そのままの自分を愛する」小さなレッスン

01

「思考」が止まるとラクになる！

●頭でわかろうとしなくていい

長年、他者中心で生きてきて、自分の心に関心を向けてこなかった人は、いざ自分の感情を大事にしようと思っても、

「〝自分がそれをしたいのか、したくないのか〟すらわからない」

という人が少なくありません。とりわけ「もう、何をするにも面倒くさい」という気持ちになっている人ほど、自分の気持ちがわからなくなっているでしょう。

しかもここで「思考」にはまってしまうと、

「したいかどうか、わからない。でも、自分の気持ちを〝わからなければならない〟」

と、また、いっそう思考に囚われていくような〝思考〟をしがちです。

さらにそんな思考の中にはまってしまうと、

「でも、どうしても、わからない」

という結果になるかもしれません。さらにそんな自分を、

「わからない私は、ダメだ」

と責めてしまえば、また、振り出しに戻って、

「ああ、やっぱり、もう、面倒くさい」

となっていくかもしれません。

こんなふうに、つい「思考」に走ってしまうと、そんな悪循環で、どんどん混乱していってしまうでしょう。

「したいのに、できない」、その理由

中には、

「したいのに、できません」

と言う人もいます。

「あらゆる人と仲良くしたい。でも、できない」

「何事も積極的に挑戦したい。でも、できない」

「明るく朗《ほが》らかで、前向きに生きたい。でも、できない」

「感情的にならない冷静な人になりたい。でも、できない」

「世界を飛び回るような仕事に就いて、大きなことをしたい。でも、できない」

これも、**自分の感情に気づいていない人の発想です。**

これはそれこそ、

「私はあのアニメの主人公のように、敵をなぎ倒せるぐらい強くなりたい。でも、できない」

ということと、どこが違うのでしょうか。

例えばこんな思考で、「バリバリ仕事をしたい。でも、できない」と考えれば、

「どうしてできないんだろう。やる気を出そうと思っても、(でも) なかなかやる気が出てこない。集中しようとしても、(でも) 仕事に集中できない。一生懸命やろうとしても、(でも) 気づくと、ボーッとしてしまう。同僚に仕事のやり方を聞いても、(でも) 理解できない。どうして私はこうなんだろうか。この仕事が向いていないん

それは、本当にあなたがしたいことですか？

外国で働くこと
ペラペラ
有名人
エベレスト
登頂
エベレスト
ん

その理想は、頭の中でつくられたのかも

じゃないだろうか。他の部署に移ればいいんだろうか。それとも、しばらく仕事を休んだほうがいいんだろうか。でも……」

といった「でも、でも、でも」という思考の迷路に踏み込めば、解決の出口はいっこうに見えず、戻る道すらわからなくなっていくでしょう。

こんなエンドレスの思考ばかりをしていたら、

「もう、考えるのも面倒くさい」

となっていかないほうが逆に不思議です。

●無駄なことを考えないようにするために

もしあなたがこんな思考の森の中で迷いながら、

「どうすればいいんだろうか」

といくら考えても解決の糸口がつかめないのであれば、その思考はほとんど役に立ちません。無駄だと言ってもいいでしょう。

あなたがもし、そんな思考の森の中に踏み込んで、堂々めぐりの思考になっている

ことに気づいたら、

「ああ、こんな思考をしても、無駄なんだな。役に立たないんだから、無駄な思考はやめよう」

という言葉を自分に投げかけてください。

そうすることで、「思考」に囚われていく状況にストップをかけることができます。

思考が止まる、それだけでも、気持ちが楽になるはずです。

02

「満足」や「幸せ」はゆっくりやってくる

●「無駄な思考」の陰にあるもの

無駄な思考をすれば、それだけで疲労困憊してしまいます。

それはあなたがずっと、痛感してきたことではないでしょうか。

だから繰り返しますが、「役に立たない思考をしても無駄だ」と自分に言うだけで、そんな思考を止めることができるでしょう。それだけでも、楽になるはずです。

こんな話を聞いても、すぐにまた頭の中で、

「じゃあそのあと、どうしたらいいんだろう」

といった思考がはじまるのではないでしょうか。

すでにあなたの中に、そんな思考回路ができあがっているからです。

もちろん、それも「無駄な思考」です。

ではどうしてあなたは、無駄な思考の森の中に入っていくのでしょうか。

もしあなたがそんなとき、自分の感情の扉を開くと、その奥に〝**実際に行動する**〟**ことに恐れを抱いている自分**を発見するでしょう。

だからあなたは、「でも、できない」となっているのです。

もしあなたが、「考えるのは疲れた。もうどうでもいいや」という状態になっているとしたら、恐らく、たくさんの〝怖い〟が、あなたの中にしまい込まれているに違いありません。

●「行動できない自分」も受け入れる

もちろんあなたが、そんなたくさんの〝怖い〟に気づいたとしたら、

「ああ、そうかあ、怖かったのか。確かにそうだよなあ。だから、こんな状態になっているのか。だったら、無理ないよなあ」

と自分を認める必要があるでしょう。

もしあなたが、

「いや、私は、そんな恐れが自分の中にあるとは思えない」

というふうに、自分の感情がわからないとしても、「実際に行動しない自分」がいるとしたら、やっぱり、

「ああ、そうか。私は、いまそんな状態なんだなあ」

と、そんな自分を受け入れる必要があるでしょう。

なぜなら、あなたがどんなふうに思おうが、「頑張ろう。努力しよう」とどんなに自分を鼓舞しようが、あなたが動こうとしないとしたら、動こうとしないことがそのまま、あなたの心の状態だからです。

もしあなたがそうやって、そんな自分を受け入れることができたら、それだけで気持ちが楽になるはずです。

どうして楽になるのでしょうか。

それは、それを楽だと感じること自体が、**「動くのが怖い」という自分の感情を受け入れたことになるからです。**

それを実感することが、「そのままの自分」を愛したことになるからです。

●「楽しいな」「うれしいな」が少しずつ増えてゆく

「もう、何もする気にならない。面倒くさい」という状態に陥っている人ほど、そのままの自分を受け入れるレッスンからはじめましょう。

あなたがそうやって「そのままの自分」を少しずつ受け入れられるようになってようやく、あなたは、「自分の感情」に気づくための入り口にさしかかったと思ってください。

こんなふうに言うと、

「ええ、入り口に到達した？ まだまだ先は長いんですね。はあ〜」

とあなたはため息をつきたくなるかもしれません。

でも、そうではありません。

それは、入り口であると同時に、希望の出口でもあります。

というのは、あなたが自分を受け入れて、それを「気持ちいいと感じる」ことができる〝プラスの感じ方〟を知ったということ、これはあなたにとって、何にも代えがたいものだからです。

前にも書いたように、〝感じる〟ことは、幸せになるための不可欠の要素です。「何もかも面倒くさい」という状態から抜け出すには、こんなプラスの感情の実感を取り戻すことが、結局は、最も近道といえるのです。

そしてもし、あなたがそうやってプラスの感情の心地よさを十分に味わえるようになれば、「まだ先は長いなあ」というようなため息が、次第に、「いま楽しいな」「いまうれしいな」「いま面白いなあ」に変わっていくに違いありません。

03

楽であることを自分に許そう

●怖かったら、無理しない

長年、自分の感情の感度を低下させることで自分を守ってきた人に、よく、「感情を感じなければ、この状態から抜け出すことはできないんですか」と尋ねられます。とりわけ「もうすべてを放り出したい」状態になっている人ほど、感情を取り戻すことに抵抗します。

当然です。

そんな人は無意識に、**感情を開けば、「とんでもないことが起こるのではないか」という恐れを抱いています。**

いまは感情に鈍感になっていたとしても、もっと以前は、感情を感じすぎて傷ついてきた歴史があります。傷つきたくないから感情の感度を鈍らせてきたのですから、いまさら、感情を感じるなんて、とても怖いことのように映るでしょう。

そういうときは、まだ、無理に感情を感じようとする必要はまったくありません。

●もう自分を責めなくていい

「したいのに、できない」

という思考に溺れながら自分を責めていたり、

「何をやっても、どうせ失敗するに決まっているんだ。何をやっても、もう、どうにもならないんだ」

という諦めた気持ちで、そんな思考に囚われていると、思考に囚われているからこそ、自分のいまの感情に気づかないでしょう。

なぜなら、「思考すること」と感情や感覚を「感じること」とは、同時にできないからです。

思考に囚われていれば、感情や五感の感覚を感じることができません。

逆に、感情や五感の感覚のほうに焦点が当たれば、思考することができません。

ほんとうにそうなのか、試してみましょう。

「五感を感じるレッスン」で脳を休める

例えばあなたが、「どうにもならない」という諦めの状態でお風呂に入っているとしましょう。

そのとき、あなたは思考に囚われているために、お風呂に入っていても、緊張しているでしょう。息を止めているかもしれません。湯船につかっていても、湯の温かさを全身で感じることはないでしょう。お風呂からあがるとき、あなたは湯船で何をしたかも覚えていないかもしれません。

では、あなたが湯船につかっているとき、その感覚や気分に焦点を当てることができれば、どうなるでしょうか。

あなたは自分の身体のほうに意識を向けて、ゆっくりと湯船につかります。

湯船の縁に身体を預けて、全身の力を抜きましょう。

全身の力を抜いたら、その力が抜けた状態を感じてみましょう。

どんな感覚になるか。どんな気分になるか。

次にその状態で、自分の呼吸に意識を向けてみましょう。

鼻から大きく息を吸って、「ふうっ～」とばかりに、口から息を吐きます。

数回、それを繰り返してみましょう。

吐くたびに、力が抜けます。

とてもリラックスしています。

リラックスしている身体が、ゆらゆらと動く感覚を気持ちよく感じています。

もしあなたが、こんな感覚を感じることができれば、その瞬間、「自分の思考が止まっている」ことに気づくでしょう。

「思考が止まっている」状態のとき、あなたはこれまで自覚したことはないかもしれませんが、脳が休まっているときの〝穏やかさ〟を実感するはずです。

「思考すること」と感情や感覚を「感じること」は同時にできないというのは、こういうことなのです。

こんなふうに、感情を扱うのが苦手でも、「五感を感じるレッスン」は一人でもできます。感じるだけですから、どんなときにも手軽にできます。

五感の感覚や気分に焦点を当てて感じることができれば、味覚・嗅覚・触覚・聴覚・視覚といった五感のそれぞれに快感があるとわかるでしょう。

と同時に、**五感に焦点を合わせることが、自分に関心を向ける「自分中心」のトレーニングにもなる**ので、一石二鳥です。

そうやって五感の気持ちよさを味わうことで、自分を大事にしていけば、次第に感情を受け入れることができるようになっていくに違いありません。

04

「自分の心に寄り添う」レッスン

急がないこと、それが大事

とにかく、まったく急ぐ必要はありません。

むしろ、急がないことを学びましょう。

急ぐことは、自分にとって〝有害〟になると思ってもいいぐらいです。

なぜなら、五感や感情を「感じて味わう」ためには、十分な時間が必要だからです。

五感や感情を「感じて味わう」ことができれば、少なくとも、〝気持ちよくゆっくりとしている〟、その間は焦りや不安も消えています。

多くの人が、つらい思考に囚われているとき、そのつらい思考を、

「諦めてはいけないんだ」

「しなければいけないって考えては、いけないいんだ」

などと、さらにまた〝思考で止めよう〟とします。

「頑張らないほうがいいですよ」と言われたとき、

「はい、リラックスして、そのリラックス感を実感するレッスンをしてみます」

と言えることが理想です。けれども、つい、

「はい、頑張ってはいけないんですね。（頑張らないように）頑張ります」

などと、トンチンカンな答えが口から飛び出したりもします。それはすでに、「すぐ思考に走る回路」ができあがってしまっているからです。

こんな思考回路を崩すことは、残念ながら一朝一夕にはできません。

それほど強固です。

●「自分を粗末にしない」とはどういうことか

五感の気持ちよさのほうに焦点が当たれば、その分だけ、思考する分量が減って、思考することで疲れていた頭を休めることができるでしょう。

けれども、それ以上に重要なのは、感情や感覚のほうに焦点が当たることで、強固だった思考回路のフレームがゆるみ、崩れはじめるという点です。

強固だった思考回路が徐々に崩れていけば、あなたは、だんだん自分の感情に気づき、また、そんな自分の感情を受け入れられるようになっていくでしょう。

自分の感情を受け入れられると、心の緊張がほどけて、心も肉体も同時に楽になります。どうして、そんなことが起こると思いますか。

自分の感情を我慢して抑えたり、「人を憎んではいけない。恨んではいけない」などと**自分の感情を否定するということは、すでにそのこと自体が、自分をひどく粗末に扱っている**といえるでしょう。

感情を受け入れると、一気に自分が崩れてしまうのではないかと恐れる人がいます。あるいは、自分が「怒りの感情」を抱いていると、一気にその怒りが爆発して、暴走しはじめるのではないか、歯止めが利かなくなってしまうのではないかなどと恐れる人も少なくありません。

けれども、もしあなたがそうなってしまうとしたら、それは逆に「自分のそんな感情を認めていないからだ」といえるでしょう。

それは、自分の心に、自分が寄り添っていないということです。

まず、あなたがやめること

いまあなたが、「もう、何もかも面倒くさい」という気持ちになっているとしたら、そんな気持ちになっているあなたを、誰が否定することができるでしょうか。誰が非難することができるでしょうか。

誰も否定することはできませんし、非難することもできません。

もし、誰よりも、**あなた自身が自分を否定したり非難したりしているとしたら、それをやめることはできます。**自分のことですからね。

例えばあなたが、

「僕はほんとうに、傷ついていたんだなあ。ほんとに傷ついてるんだ。無理もないよなあ。ずいぶん我慢してきたからなあ」

などと自分に向かってつぶやくと、どんな気持ちになるでしょうか。

あるいは、

「私は、焦ってるんだ。そうか焦ってるんだ。無理ないなあ。つらくなっても、それを認めずに、もっともっとって、自分を急かしていたんだから、そりゃあ、無理ないと思うよ」

などと、自分の感情を受け入れるための言葉を自分に向かって言うと、どんな気持ちになるでしょうか。

こんなふうに、自分の気持ちを認める言葉を自分に投げかける、そうすることで、心がほのかにホッと安堵《あんど》するはずです。

「自分の心に寄り添う」というのは、こういうことなのです。

05

ほんとうの自由を手に入れるために

「いまの自分を認めてあげる」レッスン

そうやって自分の気持ちを受け入れることができると、何が起こると思いますか。

経験がない人には、想像もつかないでしょう。

けれども、前述したような方法を試してみた人は、

「自分の気持ちを受け入れるって、たったこれだけでよかったのか」

と、納得できるのではないでしょうか。

頭で考えているだけの人は、

「そんなことをしてどうなるんだ」

そんな思いが脳裏を横切るかもしれません。

ここが、頭で思考することと感情で実感することの明らかな違いなのです。

ではどうして、たったそれだけで、心と身体が楽になるのでしょうか。

それは、あなた自身が、自分の感情を愛してあげたからです。

あなたはこれまで自分の感情だけでなく、いまの自分そのものも毛嫌いしているかもしれません。けれども、いまの自分を毛嫌いするというのは、自分を愛していないということです。

自分を愛してあげると、あなたの心が歓びます。

自分を愛してあげると、自己信頼が高くなっていきます。

とはいっても、まだ、急がないでください。

自分を愛することには期限も限界もありません。ここまで愛することができれば、もう一生、満足だなんてことは起こり得ません。

「つねに継続的に私を愛する」

そのためのスキルが自然に身についていてこそ、自分を愛することができるのです。

その基本が、こんなふうに〝いまの自分を認めて〟あるいは〝認めるために〟、自分の感情や五感の気持ちよさを味わったり、受け入れるということなのです。

我慢をやめれば、自分も相手も楽になる

「何もかも面倒くさい」という状態になっている人は、自分の感情を無視したり、自分の感情を抑えて我慢してきた人たちだといえるでしょう。

けれども自分が我慢すれば、無意識に、相手にも我慢を強いていきます。

自分を縛れば、相手を縛りたくなります。

自分に禁じているものがあれば、相手に対してもそれを禁止したくなります。

例えばあなたの職場で怠けている人がいれば、「どうして俺ばっかりが」というような気持ちになったり、「どうして、あいつは」と腹が立ってくるでしょう。

ましてや、そんな相手が職場で高く評価されていればなおのこと、「あいつは、ずるいことをやっているのに、あんなに評価されるのは許せない！」などと怒りを燃やすかもしれません。

もちろんあなたがどんなに許せないという気持ちでいようが、あなたの仕事の能率が上がるわけではありません。むしろ、そうやって相手に心が囚われてしまうので、

いっそうつらくなっていくでしょうし、仕事の効率も悪くなるでしょう。

ところで、あなたがそうやって相手に対して「許せない」という気持ちになるのはどうしてでしょうか。

それは、「どうして俺ばっかりが」という気持ちがあなたの心を表しているように、もともと自分の中にある欲求を抑えてしまっているからではありませんか?

こんなとき、

「怠けてもいいんだ。怠けるかどうかは、私の自由だ」

と、自分の欲求を心から認めると、どうでしょうか。そう自分に言うだけで、心がちょっと自由になりませんか。あなたはもっと、自由になっていいのです。

●あなたはもっと自由になれる

「私がしたくないことは、しない」自由が、あなたにはあります。

「私がしたいことは、する」自由が、あなたにはあります。

まだまだあなたは、自分に、こんな自由を認められないかもしれません。そんな人

ほど、

「したくなかったら、しない」

「したかったら、する」

というふうに、感情を基準にして、もっと自分の自由を心から認められる自分になりましょう。

あなたが自分の自由を認められれば、相手の自由も認められるようになっていきます。まずは、人のことよりも、もっともっと自分の感情を基準にして、自分の欲求を満たしてあげられる自分になっていきましょう。

06

責任を過剰にとらない自分になろう

●「しなければならない」病にサヨナラしよう

まだ自覚していないかもしれませんが、すっかり何もかもいやになってしまったというあなたは、これまでずっと、

「もっと努力して、いい成績をとらなければばならない」
「頑張って、勉強をしなければばならない」
「一生懸命、働かなければならない」

というふうに、「しなければならない」で生きてきたに違いありません。

けれども、前述したように、自分に対して強制していると、相手に対しても強制したくなっていきます。

相手に厳しい批判の目を向けてしまうのは、あなた自身が、自分を縛っているからです。

自分にしていることを、相手にも要求していきます。

自分に厳しければ、人にも厳しくなっていきます。

しかも自分に厳しくすればするほど、ダメな自分を許せなくなるでしょう。

ダメな自分と他者を比較すれば、「ダメな自分」を基準にして他者を見るために、「自分がダメなところ」だけを拾っていきます。

例えば、箱の中に白と黒のボールがあるとしましょう。白を集めると自信がつきます。黒を集めると自信がなくなっていきます。

けれども自分に対して厳しい人は、どんどん黒を拾い集めていきます。なぜなら、白いボールが見えないからです。

そのために、自分の中からも黒いボールを探し、他者との比較の中においても黒いボールを拾い集めては、ますます自信をなくしていくようなことをしてしまいます。

だからこそ、まずはあなたが、自分の自由を心から認めて、「しなければならない」から解放されてほしいのです。

●したいときに、すればいい

自分中心の人は、自分の気持ちや感情を優先することができます。

けれども他者中心の人ほど、他者を優先してしまいます。そのために、無意識に相手の期待に応えようとしたり、相手のニーズを満たそうとします。また、知らず知らずのうちに、そんな意識で自分を強く強く縛っています。

例えば、あなたが子供のころ、あなたの親があなたに「勉強で一番になるように期待していた」としましょう。

あなたはその期待に〝応えなければならない〟と必死になっていました。そうやって自分を殺して頑張ってきたのであれば、心の疲れが積もっているというのも、ほとんど必然といえるでしょう。

こんなとき、「自分中心」の発想を基準にすれば、こうなります。

勉強をするかどうか。これは、私自身の問題です。

したがって、私が勉強をするかどうかは、心から〝私の自由〟です。

“誰か”のしたいことより“あなた”がしたいことが大事

…
期待
いい人と結婚して いい家庭をつくって ほしい
安定
いい会社に就職してほしい
堅実

親の要望をどうするかは、あなたの自由！

他者中心であればあるほど、この「心の自由」が奪われています。

あなたの中にそんな自由があれば、あなたが勉強を〝したい〟ときには、その欲求に基づいて勉強をするでしょう。と同様に、あなたが勉強を〝したくない〟ときには、その欲求に基づいて勉強をしないでしょう。そんな自由を自分に認めています。

そんな自分を自分が認めているために、**勉強をしてもしなくても、自分を〝無用の罪悪感〟が苦しめることはありません。**

もちろん、あなたが一番を目指すかどうかも、あなたの「自由」です。誰かがあなたにそれを強制することはできません。

●「誰かの問題」を、背負わないこと

ですから、「親があなたに期待する」というのは、あなたの心の境界線を踏み越えて、この「自由」を侵害するものです。

あなたの視点から言えば、親があなたに何を期待しようが、あなたに何を要求しようが、それは、あなたにとっては「まったく関係のない」ことです。

「親の期待」は、親の問題です。

あなたは、親のニーズに応える必要はありません。親の期待に応えなければならないという責任も、いっさいありません。

応えられないからといって、あなたが罪悪感に駆られるいわれもありません。

むしろあなたが、何もかも面倒くさいという気持ちになっていったのは、**あなたの「心からの自由」**を侵害され続けて、そんな責任を、不当にあるいは過剰に担《にな》わされてきたからだったということに、もう、気づいていいのではないでしょうか。

07 過去の鎖から解放されて自由になろう

「何のためにいままで苦しんできたんだ！」と叫びたくなったら

あなたはもう、十分に努力をしてきました。

あなたは相手の期待に応えようと、一生懸命やってきました。

あなたは自分の感情を鈍感にしてまでも、努力してきました。

もう、十分です。

自分に、そう言ってあげませんか？

背負う必要のない荷物は、肩から下ろしましょう。

もう何もかも面倒くさいとなるほどに、あなたは過剰な責任を自分に押しつけてきたし、感じる必要のない罪悪感で自分を苦しめてきました。

でも、もともと、あなたが責任を負うべきことではありませんでした。

あなたが罪悪感を抱くべきことでは、なかったのです。

「そうか、私は、もともと背負う必要のない責任で、自分を苦しめてきたのか。罪悪感なんて、いらなかったのか」

そんなふうに、自分に言うと、どんな気持ちになりますか。

いままでの心の疲れと肉体の疲れが、ドッとあなたに押し寄せてきて、言い表せないような徒労感と安堵感に満たされるかもしれません。

けれどもその一方で、もしかしたら、

「じゃあ、いままでの自分の過去は、いったい何だったんだ。何のために、自分は頑張ってきたんだ。何のために苦しんできたんだ」

そんな気持ちに襲われて、叫びたくなってしまうかもしれません。

もしそのとき、感情が高ぶって涙があふれるとしたら、そのまま、**涙が流れるままに声を出して泣いてほしいものです。**その涙はそのまま、あなたの心の癒しとなるでしょう。

もしかしたら、そのあと、いっそう動けなくなるかもしれません。もし、そうなる

としたら、

「そうなる必要があるんだ」

と、その状態を受け入れてください。

実際に、あなたがその状態から脱皮したいと望むなら、**むしろそれこそが、あなたにとって貴重な時間**なのです。

●どちらを選ぶかは、あなたの自由

酷な言い方に聞こえるかもしれませんが、「もう、すべてを投げ出したい」という気分になっている状態から脱皮したいとあなたが本気で望むなら、どうしても、このプロセスを通る必要があります。

ほんとうの自分と向き合うことを、**避けて通ることはできません。**

もし、あなたがこれからも、ほんとうの自分と向き合うことを避け続けていったとしても、いつか自分と向き合わざるを得なくなるでしょう。

過去を悔やみながらも、いま、自由になるか。

過去を悔やみながら、いまの状態を続けていくか。

あなたがどちらを選択しても、もちろんそれは、心から「あなたの自由」です。

もしあなたが、いまのままの状態を選択し、そして十年後に再びここに戻ってきて、

「自分と向き合うことをしなければ、ほんとうの意味で、前に進むことはできないんだなあ」

と気づいたとしても、決して遅くありません。

というのは、実は、あなたがどんな状態であっても、あなたが気づいていないだけで、その状態でいることの中にも、必ず利点があるからです。

「自分のために自分で決める」ができれば大丈夫

あなたにとっては、いまの状態がどうであるかは重要な問題かもしれませんが、あなたの無意識が求めている目標は、そこにはありません。

仮にあなたが「いまのままがいい」という選択をしたとしても、その選択を、

「私はまだ、恐れのほうが大きい。だから、まだ、このままの状態のほうがいい。こ

れは、私の意思で選択することなんだ」

と自覚して決めることができたとしたら、**すでにあなたは、「以前の自分」とは違った自分になっていると言っていいでしょう。**

これが脱皮の第一歩となるでしょう。さらにそこから、未来が変わっていきます。

なぜなら、まさにあなたが無意識のうちに求めていたものは、過去の鎖から解放されて、自分の気持ちや感情を大事にしたり、自分の意思を尊重しながら、**自分が自分のために選択する「自由」を獲得すること**だったからといえるからです。

第6章

「面倒くさい」にサヨナラする

あなたを救う「ありがとう」のレッスン

01

優柔不断をやめる

「どちらが得か」で決めない

自分をどんどん優柔不断にしていく動き方があります。

それは、**目先の利益や損得だけに囚われて、思考で判断していく決め方**です。

とりわけ、どんどん優柔不断になっていく典型的な考え方は、次のようなものです。

「どうすると、最もいいんだろうか」

「自分にとって、どんな選択をしたほうがいいんだろうか」

「自分にとって、どちらを選んだほうが得するんだろうか」

すぐにこんな思考をしてしまう人はいませんか。

もしあなたがこんな思考で物事を判断したり選択しようとしているとしたら、その

結果、どうなっていくでしょうか。恐らく、

「AとBは、どちらがいいんだろうか。ほんとうにこれでよかったのだろうか」

などと考えて、絶えず迷っている自分に気づくのではないでしょうか。

しかもそうやって迷っているとしたら、あなたはAを選べば、

「Bのほうがよかったのかもしれない」

と、Bのほうが気になるのではないでしょうか。

では反対にBを選んだとしても、やっぱりあなたは、

「もしかしたらAのほうがよかったのではないだろうか」

と迷うに違いありません。

●「心が喜ぶ」選び方をする

こんなふうに、

「私にとって、何が適切なんだろう。私にとって、どれが得なんだろう」

などと考えれば考えるほど、どんどん優柔不断な自分になっていくでしょう。

どうしてでしょうか。それは、物事を損得の思考だけでとらえて、その中に、自分の感情が入っていないからです。

このとき、あなたが自分の感情を基準にして選んでいたとしたらどうでしょうか。感情を基準にしていれば、あなたがもしAを選んだとしても、「Aを選んでよかった」と、自分の選択を受け入れて満足することができるでしょう。

反対に、Bを選んだとしても、「Bを選んでよかった」と満足するでしょう。

このように、選択したときの満足感は、感情を基準にしてこそより多く得られるものなのです。

●小さな損より、大きな満足を

迷いが大きくなっていくと、さらに、「～するかもしれないから、～しとこう」、こんな選び方をしていきます。

例えば、

「これを買うかどうか迷っているけれども、売れてしまったら困るから、ひとまず予

損得で選ぶと……

モヤモヤ
うーん
やっぱりあっちの方が得だったかも…
かわいいー
こっちを選んでよかった！

「楽しそう」「好きだな」と選ぶと満足できる！

約しておこう。いらないときは取り消せばいいんだ」

「行くかどうかわからないけれども、行きたくなったとき後悔するから、ひとまず予約しておこう。行きたくなければ、キャンセルすればいいんだ」

こんな選択は一見すると、得するように思うかもしれません。

けれども、こんなパターンが人間関係や仕事に及ぶと、

「恋人と会うかもしれないけど、恋人が連絡してこなかったらつまらないから、ひとまず、友だちと約束をしておこう」

「もしかしたら仕事の連絡が入るかもしれないけれども、入らないかもしれないので、とりあえずは、友だちと約束しておこう」

というふうに、迷ってなかなか決められないために、いわば二股かけるような選び方をしてしまいがちです。

もちろんこんなやり方をしていけば、**次第に信用をなくしていって、結局、〝二兎を追う者は一兎をも得ず〟ということわざどおりの結果となっていくでしょう。**

しかもそんな結果になってしまうのは、自分の感情を基準にしていないからだということに気づかない限り、ますます自分の選択に自信をなくしていって、「もう、仕

事も友だちも面倒くさい」となっていくでしょう。

こんなふうに、**思考だけで決めようとすると迷いが多くなり、感情を基準にすると満足することが多くなっていきます。**

満足できれば、仮にその選択が多少間違っていたとしても、自分が満足して選択したものであるからこそ熱中できて、少々の損やハンディは、すぐに取り戻すことができるに違いありません。

02

自分の感情を「優先する」レッスン

●「自分には価値がない」ような気がしたら

こんな女性がいました。

「私は人と会うとき、自分が『申し訳なく思っている』ことに、ふと気がつきました。

なぜかわからないのですが、**私のためにわざわざ時間をつくってくれるなんて、申し訳ないという気持ちになってくるのです。**自分の中にこんな意識があったことにはじめて気がつきました」

こんな思いを抱く人は少なくありません。

こんな例もあります。

「私の恋人は、私の友だちと話をするときは、とても楽しそうに話をします。でも、恋人は、あんな笑顔を私に見せてくれたことがありません。そんなとき、**私は、自分がそこにいてはいけないような気持ちになってしまいます**」

どうしてこんな気持ちになっていくのでしょうか。

それは、自分の感情を大事にしていないからです。

「えっ、どうしてですか。自分がそこにいるのが申し訳ないような気持ちになったり、いけないような気分になるのも、感情ではありませんか」

確かにそうです。

けれども、まさにそれは、自分の思考やイメージによってつくられた感情だといっていいでしょう。

自分の気持ちを大事にするよりも、他者中心になって、

「人と一緒にいるときは、明るく楽しくしていなければならない」

こんなふうに考えていたりイメージしたりしていれば、どうでしょうか。

このとき、

「でも、私は人と楽しく話をすることができない」

と考えれば、みんなの邪魔をしているような、楽しい雰囲気を自分が壊してしまうような気持ちになるでしょう。しかもそうやって、他者中心の意識に囚われていけば、

「こんな自分であっては、いけない」

と自分を責めたくなってしまうでしょう。

さらに、そんな思考をマイナスに広げていけば、

「私はそこにいる資格がない。私はそこにいる価値がない」

というふうに、自分がそこに存在することすら〝申し訳ない〟という気持ちになっていくのは無理ないことです。

●いまの気分を相手に伝えてみる

ではこんなとき、どうやって自分のそんな感情を解消すればいいのでしょうか。

いうまでもなく、自分の〝いまの感情〟を大事にすればいいのです。

例えば、友だちから電話で誘われました。

すでにここからはじまります。自分の感情を基準にすると、「出かけていきたいかどうか」です。行きたくなかったら、

「いま気分的に沈んでいるから、一緒にいても、元気に振る舞う自信がないんだ」

というように、自分の気持ちをそのまま素直に伝えてはどうでしょうか。

もし友だちが、「それでもいいよ」と答えれば、あなたの気持ちが変わって、会いたくなるかもしれません。

悲観的になったら、「まあ、いいか」と「ありがとう」

あなたが会いたいと思いながらも、

「友だちは、私をかわいそうだと思って誘ってくれているんだ」

「友だちは、無理して誘ってくれているのに違いないんだ」

などという思考がよぎったら、

「誘ってくれて、ありがとう」

と感謝の言葉を伝えることです。

このとき、その「ありがとう」は、自分に向かって言うような気持ちで、心を込めて言いましょう。すると、友だちだけでなく、自分自身も感謝の気持ちに満たされて気持ちよくなるでしょう。

会っているとき、他者中心になってしまって、

「私といても、面白くないんじゃないだろうか。迷惑しているんじゃないだろうか」

などという思考が走ったときは、それを否定することはありません。まずは、

「また、他者中心の思考にはまってしまったな。まあ、いいか」

というぐらいの感覚で自分を受け入れてから、

「こんなふうに、一緒に時間を過ごしてくれて、ありがとう。心から感謝します」

というような言葉を、心の中でつぶやいて、その言葉の響きを〝実感〟しましょう。

03

「嫌なことはやめる」ステップ

どこからはじめたらいいか、わからないとき

「自分がどんな気持ちかわからないので、何をしたらいいのかわかりません」
「することがたくさんあって、どこから手をつけたらいいのかわかりません」
などと言う人がいます。

そんな発想そのものが、すでに、思考から発生しています。そんな思考を土台にすると、「しなければならない」といった思考や「どうしたほうがいいだろうか」という思考に流れやすいために、ますます、自分の気持ちがつかみにくくなります。

ではすでにそんな状態に陥っていて、自分の気持ちをつかめない人は、どこからはじめたらいいのでしょうか。

そういう人は、まず「面倒くさい」という気分になった自分や、「面倒くさい」という言葉をつぶやいたりしている自分に気づきましょう。

もしかしたら何かをしながら、「はあ～」と無気力なため息をついているかもしれません。

何に対して「面倒くさい」と感じるのでしょうか。何に対して「はあ～」とため息をついているのでしょうか。

それがあなたの〝したくない〟ことです。

あなたがそんな気持ちを認めるとしたら、

「ああ、そうか。いま、これをしたくないんだね」

こんなふうに、自分に言うと、どんな気持ちになりますか。少しかもしれませんが、自分の気持ちを認められた気持ちよさを、感じるのではないでしょうか。

もし、そんな自分を優先することができれば、

「じゃあ、今日は、やめよう」

「ここだけやって、あとはやめよう」

などと、**気持ちよく「やめること」ができる**に違いありません。

●いま動けなくても、大丈夫

あなたはまだ、自分が自分の気持ちや感情を優先することに強く罪悪感を抱いているかもしれません。

けれども、あなたは「自分の気持ちや感情」を心から優先していいのです。

自分の気持ちや感情を心から優先しても、あなたが恐れるような〝どんでもない〟ことは起こりません。

それを、実際の生活の中で体験してほしいのです。

過去や未来の思考に囚われるのではなく、「いまを感じて、そんな自分を優先できる」ことが、いまのあなたにとって最も大事なことでしょう。

「でも、それって、自分を甘やかすことになりませんか。自分を甘やかしたら、ズルズルと、何もしなくなっていくんじゃないでしょうか」

と言う人がいます。

けれども、ほんとうにそうでしょうか。

もしあなたが、仮に「自分を優先する」ことで何年も動けないとしたら、それほどたくさん心の疲れが積もっていたということです。

仮にあなたの心が元気になるのに、何年、何十年も費やしたとしましょう。そうであるなら、それがあなたにとって「必要な年月」であり、あなたにとって「適切な年月」だったといえるのです。

どんなに土砂降りになっても、雨は必ずやみます。

晴れ間が見える日は必ずやってきます。

あなたがそれを信じることができれば、自分の中でだんだん雨が小降りになっていくのを感じることができるでしょう。雲間から陽が差して、やがて青空が広がるきざしを感じる日がくるに違いありません。

だからこそ、自分の五感や感情を感じる感度を取り戻してほしいのです。五感も感情も、**あなたに備わっている機能（もち物）には、すべて快感があります。**

声を出す気持ちよさもあります。

歩くときの感覚の気持ちよさもあります。

スポーツで汗を流す気持ちよさもあります。

明確な意思をもって答えるときのような、自分の意思を自分自身で認める感覚の気持ちよさもあります。

こういったもち物の気持ちよさを実感することが、「私を愛する」ことなのです。

自分を愛することができれば、大きな変化があらわれます。

なぜならあなたが「何もかもが面倒くさい」という状態になっていたのは、あなたが**「自分の愛し方」**を知らなかったからなのです。

04 小さな望みをたくさん叶えてあげる

●頭で解決しなくていい

どんなに考えても解決しないときは、「思考をしても無駄だ」と自分に言い聞かせましょう。「もう何もかも面倒くさい」という状態になっているのであれば特に、思考だけで解決することはできないと、認識してほしいものです。

何度でも強調したいのですが、急いで問題を解決しようとしたり、結論を出そうと一生懸命になったりしても、かえって逆効果です。

あなたがそんな状態になっているのは、問題が解決できないからでもなく、結論が出ないからでもありません。

これまで述べてきたように、「何もかも面倒くさい」という状態になってしまう大きな理由の一つは、あまりにも思考に囚われすぎて疲れ果て、自分の五感や感情に焦点が当たらなくなっているからです。

幸せを取り戻す、ちょっとした方法

あなたはおなかがすいたとき、どうしますか。どうすれば、空腹感が満たされるでしょうか。このとき思考で、

「どうして、私はおなかがすいているんだろうか。どうすれば、空腹感を満たすことができるのだろうか。そもそも、空腹感というのは、どうして起こるのだろうか」

などと考えても、空腹感が満たされるわけではありません。

おなかがすいたのであれば、食べればすぐに満たされますね。

満足したあと、

「ああ、おいしかった。満足、満足」

と、**満足感に焦点を当て、それを味わう**ことができれば、なおいいでしょう。

こんなふうに、**〝いま〟あなたが望むこと、したいこと、あるいはしたくないこと**

の望みを叶えてあげるだけでいいのです。

「水を飲みたくなったなあ」

これが、欲求です。

自分の欲求を満たすために、水を飲みます。

そして、

「ああ、おいしかった」

と、このように、飲みたいという欲求から、その欲求を満たし、「ああ、おいしかった」までが、一セットです。これが非常に大事です。「もう何もかもが面倒くさい」という気持ちになっているときほど、これが欠けています。無気力になったり人生を虚しいと感じている人ほど、これが欠けています。

トイレに行きたいと欲求しました。その欲求を満たすために、トイレに行って用を足します。そして「ああ、すっきりした」。

この「ああ、すっきりした」で一セットです。

昼食後に、眠たくなりました。それを満たすためにひと寝入りします。目がさめたら、「ああ、気持ちよかった」。

生きている喜びを感じる小さなレッスン

のど渇いたな
ああ、おいしい！
肩こったな〜
ああ〜、気持ちいい！
ぐ〜ん

ささやかな満足をたくさん感じてみることが、
「私を愛してあげる」こと！

この「ああ、気持ちよかった」で一セットです。

●「小さな満足感」に気づくと、「大きな幸せ」に近づいていく

ほとんどの人が、喉が渇いたら無自覚に水を飲み、無自覚にコップを置いて、自分の喉を潤したことも自覚せずに、また、いつもの行動へと戻っていきます。

自分に関心を抱いていない人ほど、無自覚に動いたり、自動的に動いたりしているでしょう。

私たちは、**行動の一つひとつにおいて、一つひとつの場面において、さまざまな感じ方をしています。**そんな感じ方を無視してしまうことも、「私を愛していない」といえるのではないでしょうか。

「もう、何もかも面倒くさい」という状態になっている人は、こんなところで自分を無視してきたのだと省みてほしいものです。

こうしてみると、実際には誰でも自分に対して、望みを叶えてあげているともいえるでしょう。逆に、それが「あまりにも簡単にうまくいく」ので、当たり前と思い込

んでいるのではないでしょうか。

自分の心を無視していたり、自分に関心がないと、自分の行動に実感が伴わないために、小さな満足感を得られていたであろう一つひとつの行動が〝面倒くさいただの作業〟となってしまいます。だから、「何もかも面倒くさい」となってしまうのです。

ほんとうは、「あまりにも簡単にうまくいく」ところにこそ、たくさんのプラスの実感があります。

逆説的な言い方をすれば、「面倒くさい」という状態になってしまうのは、「自分が自分を無視していますよ」という無意識からのメッセージだといえるのです。

05

ささやかな「ありがとう」が自分を救う

●あなたを支えてくれる人に気づいていますか？

何もかも諦めている人は、ほんのちょっと視点を変えてみませんか。

どんなに悪い状況に陥っていたとしても、まったく救いがないということはありません。自分の目にそう映るのは、ほんとうは、少し自分の見方が狭かったり、偏った見方をしていたからだけなのかもしれません。

例えばあなたが、職場の年上の同僚についての悩みをAさんに相談しています。

あなたの頭の中にあるのは、その同僚のことです。

「ミスをしたとき、どうして前もって報告してこなかったのよ、と感情的になって言われて傷ついた」

「相談しに行ったら、うるさそうな顔をして、こんな簡単なこともわからないの、という態度をとられて、腹が立った」

などと、愚痴をこぼします。

Aさんは、そんなあなたの話を親身になって聞いてくれます。

どうしてAさんは、あなたの話をそうやって親身になって聞いてくれるのでしょうか。それは、あなたを好きだからでしょう。

けれどもあなたの頭は、その同僚のことでいっぱいになっていて、Aさんを前にしながら、Aさんの好意どころかAさんの存在にすら気づいていません。

急に見捨てられたように感じるとき

人間関係だけではありません。

あなたは、自分の仕事や進路のことについて悩んでいます。

あなたはそれをAさんに相談しています。

Aさんは、なんとかあなたの力になりたいという思いから、あなたにいろいろなアドバイスをします。

仕事がうまくいかないことで頭がいっぱいになっているあなたにとって、もしかしたら、そんなAさんのアドバイスは、役に立たないものかもしれません。

しかしそれ以上に、Aさんの姿そのものが、あなたの心に映っていません。

なぜならあなたの心は、〝ここにない〟からです。

あなたの心がここになければ、あなたに寄り添ってくれているAさんさえも、あなたにとっては存在しないも同然でしょう。

Aさんは、あなたの心がここにないことを知って、自分の努力が報われない虚しさを抱えているかもしれません。

そんなAさんの心を、あなたは感じることができません。

Aさんは、あなたに力を貸すことを諦めて、

「悪いけれども、今日は、話を聞く時間はないんだ」

と言うかもしれません。

その瞬間、あなたの心がここに戻ってきます。

あなたは急に、見捨てられたような気持ちに襲われて、

「誰も、私を助けてくれない」
そう叫ぶのです。

みんながあなたの支援者になる

こんなふうに、心がしおれてしまっているときは、自分に寄り添ってくれている人の存在すら感じることができないでしょう。

もしこのとき、ほんの少し視点が違えば、状況は大きく変化していたかもしれません。

あなたがほんの少し〝いまを感じる〟ことができれば、心がしおれる前に、目の前にいるAさんの存在に気がついて、

「いつも、親身になって私の気持ちを聞いてくれて、ありがとう」

と、そばに寄り添ってくれているAさんに感謝の言葉を伝えたくなるでしょう。

Aさんだけではありません。〝いまを感じる〟ことができれば、いま目の前にいる人の存在に気づいて、

「挨拶してくれて、ありがとう」
「やさしい言葉をかけてくれて、ありがとう」
「協力してくれて、ありがとう」

相手にそう言いながら、自分のその言葉が自分の心に温かく響いたり、自分のその気持ちに、自分が癒されていくに違いありません。

自分が発するそんなささやかな「ありがとう」の言葉や、そんな気持ちで自分の心を満たすことができるなら、「もう、何もかもが面倒くさい」という状態になるはるか手前で、自分の心を救うことができるのです。

06

嫌いな相手にも「ありがとう」を言う

●「嫌いな相手」が「いいこと」をしてくれたとき

基本的に、「相手が私にしてくれた好ましいこと」は、すべて〝感謝〟です。

それは、相手のことが好きであっても嫌いであっても、変わりません。

「(嫌いな相手であっても) 電話を取り次いでくれて、ありがとう」

「(嫌いな相手であっても) 教えてくれて、ありがとう」

というふうに、相手のしてくれたことには「ありがとう」です。それは相手を嫌いであることとは別問題です。

それを明確に分けて考えることができないと、嫌いな人、嫌なこと、苦手な人、苦手なことがどんどん増えていくでしょう。

ここをしっかりと自覚することで、あなたは自分の心を救うことができます。

●「人」と「行為」を区別すると、楽になる

たとえば職場に、あなたの嫌いな人、苦手な人、怖い人がいます。

他者中心になって、その人の顔色をうかがったり、批判的・否定的な気持ちでその人の動向を追いかけたりすればするほど、その人のことが頭に侵入してきて、あなた自身がつらくなるばかりでしょう。

そんな相手が、あなたの仕事を手伝ってくれました。こんなとき、あなたが、

「私ができないってことを、心の中ではバカにしているんだ。親切心からではなくて、自分をみんなによく見せるために手伝っているんだ」

などと相手の心を勘繰っていけば、いっそう相手のことが気になっていくでしょう。

こんなときは、まず、

①「私は、この同僚が嫌いだ」
「仲良くしたくないから、しない」

と、そんな自分を認める。

自分の気持ちを認められると、嫌いな相手との〝心の距離〟が少しできます。

次に、相手がしてくれたことを、〝嫌い〟とは分けて考える必要があります。

②「相手を嫌うこと」と、「相手のしてくれたこと」とを分けて考える。

「私は嫌い」という感情を認めることができたほうが、「相手を嫌う」ことと、「相手のしてくれたこと」とを分けることができやすくなります。

③相手がしてくれたことは、嫌いであっても、「ありがとう」の気持ちでいたい。

前にも述べたように、嫌いという感情と、してくれたこととは、別問題というとらえ方をしましょう。

④「ありがとう」と言葉で言う。

嫌いな相手に対して「『ありがとう』なんて、口が裂けても言いたくない」という人がいます。けれども実際に言ってみると、頭で考えていることと違ったことが起こります。どうしてでしょうか。

それは、**明確な言葉で気持ちよく、「ありがとう」と言うことで、嫌いな相手との〝心の距離〟が、遠くなるから**なのです。

むしろ、心の中の思いは、

『私はあなたが嫌いです。だから、あなたと個人的につき合うことはしません』

と、言葉にこそしないけれども、明確に自分の気持ちを認めて宣言しているようなものだからです。その上で、

「(けれども、あなたが私にやってくれたこの点においては)ありがとう」

と明確に分けて言えれば、いっそう、相手との〝心の距離〟が遠くなるでしょう。

好きな相手であっても、これは同じです。好きな人であれば、言葉で伝えることで、歓びは何倍にもなるでしょう。言葉には、こんな相乗効果があるのです。

●「ありがとう」が、あなた自身の価値を高める

例えば親が、いつもあなたの世話を焼きます。親は、それがやさしさだと勘違いし

ています。そんな親に対して、

「やってくれてありがとう。でもこれは、私が自分でしたいんだ」

などと、**相手への感謝と自分の意思を分けて伝えることができれば、ますます、あなた自身の満足度が高くなる**でしょう。

と同時に、あなたが自分のために行動する、この能動性が、自分の価値を高めていきます。そのとき感じるあなたの満足度が、あなたの心を救うのです。

なぜなら、その満足度は、すなわち自分の価値を認める〝自己信頼〟となるからなのです。これがほんとうの自信です。

自分が自分のために感じる満足、その満足が大きければ大きいほど、高ければ高いほど、あなたは、自分中心になって、そのままの自分を、どんな自分であっても「私には価値がある」と認められる自己信頼が育つのです。

07 自分を愛する歓びを知ろう

●「愛」は自分で感じとるもの

どんなに相手があなたを愛してくれていても、あなたがそれを〝感じとる〟ことができなければ、あなたにとっては愛がないも同然です。

どんなに相手があなたに〝満足〟を提供してくれたとしても、あなたがそれを〝感じる〟ことができなければ、そこに満足はありません。

そういう意味で、**自分を救うのは自分です。**

自分を大事にするのも、自分です。

自分を愛するのも、自分です。

いよいよ最後の項目になりましたが、私（筆者）がこの本を書くにあたって注意を払ったのは、可能な限り「何もかもが面倒くさい」という状態の人の心に添って書くことでした。

その点に意識が集中したために、この原稿を書き上げるころになると、なんとなく「やる気が出ないな」モードになっている自分を自覚することがありました。そんなときは、長めに休憩したり、早めに寝たりしていました。

あるとき、そんなモードになっている翌日にセミナーがありました。

それを自覚していたので早めに寝たものの、まだ、なんとなく「行きたくない」気分が私の足を引っ張ります。

開場時にもそんな気分を引きずったままでいた私は、参加者の方々に、「いま、少し元気がない」ということを告げました。自分の状態を認めてその気持ちを表現できれば、自分が楽になるからです。

話の流れで、どうやってそんな状況から抜け出すかという話もしました。これは恐らく、自分のための再確認でもあったと思います。

その時点で私ができることは、「いま」に生きることでした。

そんな話をしながら、私自身が、それを意識して実践することにしたのです。

●イヤな出来事に囚われずに「いま」を生きる

マイナスの出来事はインパクトが強く、また心を深く傷つけるので、負った痛みを解消できないといつまでも覚えているものです。

それに比べてプラスの出来事は、印象が希薄であるために、人によってはさらりと流れてしまいます。プラスの感覚の感度が低ければ、いっそう気がつきにくいでしょう。

そういう意味で、マイナスの出来事は、よくも悪くも私たちに〝生きる充実感〟を与えてくれます。

けれども実際には、私たちがこうやって生活できているのは、プラスの出来事が多いからではないでしょうか。

そこで私は、この本で述べているように、普段よりもいっそう自分自身を見つめながらプラスの感覚を〝感じる〟作業を実践してみました。

気分がついてこないので、声が出しづらくなっています。そこで楽に声が出るようにと、立ち上がりました。少し声の伸びがよくなったので**楽になります。**

立っていて、**疲れたと感じたら、座ります。**座ったときの楽な感じを実感します。

最初は、声が出しづらくて、立っていました。立っていれば、声が伸びます。また、疲れたと感じたら座ります。

話を聞いていても、いつもよりは集中力が散漫になります。

そんな自分も「ああ、いまはそうか」と認めることができます。

途中で日本茶を飲めば、ホッとします。

喉と身体に、日本茶の味とその熱さが広がります。

紅茶を飲めば、その味の違いを実感できます。

トイレに立てば、セミナーの途中であっても、その瞬間、**一人になった解放感を味わうことができます。**

話している内容に誰かがうなずいてくれれば、うれしく感じる自分がいます。

そうやって、普段よりもいっそう、自分の感じ方のほうに意識を集中させ〝実感〟していくうちに、次第に、心のもやが晴れていきました。

終了後、最後の一人の女性が帰る準備をはじめて私に背を向けたときには、

「えっ、もう帰るの？　まだ一緒に話しましょうよ」

と引き止めたい気分になっていました。

自分で実践しながら、「何をやっても面倒くさい」状態から抜け出すには、自分の気持ちや感覚を大事にして行動する「こんな愛し方ができる自分になる」ことが必須だと再確認したのでした。

〔著者紹介〕

石原加受子（いしはら かずこ）

心理カウンセラー。「自分中心心理学」を提唱する心理相談研究所オールイズワン代表。日本カウンセリング学会会員、日本学校メンタルヘルス学会会員、日本ヒーリングリラクセーション協会元理事、厚生労働省認定「健康生きがいづくり」アドバイザー。「思考・感情・五感・イメージ・呼吸・声」などをトータルにとらえた独自の心理学で、性格や対人関係、親子関係などの改善を目指すセミナー、グループ・ワーク、カウンセリングを25年以上続け、多くの悩める老若男女にアドバイスを行なっている。現在、無料メールマガジン『楽に生きる！石原加受子の「自分中心」心理学』を好評配信中。著書に、『ヘトヘトに疲れる嫌な気持ちがなくなる本』『仕事・人間関係「もう、限界!」と思ったとき読む本』『「最近、心が休まらない」と思ったとき読む本』『戦わない人ほど幸せが手に入るシンプルな理由』（以上KADOKAWA）など多数。

中経の文庫

仕事も人間関係も
「すべて面倒くさい」と思ったとき読む本

2015年12月11日　第1刷発行

著　者　石原加受子（いしはら かずこ）
発行者　川金正法
発　行　株式会社KADOKAWA
〒102-8177 東京都千代田区富士見2-13-3
03-3238-8521（カスタマーサポート）
http://www.kadokawa.co.jp/

DTP ニッタプリントサービス　印刷・製本 暁印刷

落丁・乱丁本はご面倒でも、下記KADOKAWA読者係にお送りください。

送料は小社負担でお取り替えいたします。

古書店で購入したものについては、お取り替えできません。

電話049-259-1100（9:00〜17:00／土日、祝日、年末年始を除く）

〒354-0041 埼玉県入間郡三芳町藤久保550-1

ISBN978-4-04-601347-7　C0111